新华博识

新
华
博
识
·
知
无
涯

新华博识文库系列图书：

7 岁开始的哲学思维启蒙 ［英］彼得・沃利、安德鲁・戴伊 著

14 岁开始的哲学思维训练 ［英］戴维・伯奇 著

人是一棵思考的苇草 ［英］加雷思・索斯维尔 著

两种思维：理性生活必需的哲学推理与科学实证 ［美］马西莫・匹格里奇 著

做哲学：如何更清晰地思考、写作和争论 ［英］加里・考克斯 著

哲学能做什么 ［美］加里・古廷 著

电影院里的哲学课 ［英］克里斯托弗・法尔宗 著

非常识：最聪明哲学家们的最奇怪思想 ［美］安德鲁・佩辛 著

思想者心灵简史：从苏格拉底到尼采 ［美］詹姆斯・米勒 著

道德哲学十一讲 ［英］艾里克斯・弗罗伊弗 著

没有标准答案的哲学问题 ［美］菲尔・沃什博恩 著

40 堂哲学公开课 ［英］奈杰尔・沃伯顿 著

聪明人的心理学 ［美］大卫・麦克雷尼 著

你其实可以更理智 ［美］大卫・麦克雷尼 著

尼采的锤子：哲学大师的 25 种思维工具 ［英］尼古拉斯・费恩 著

我们如何思维 ［美］约翰・杜威 著

论人的本性 ［美］爱德华・O・威尔逊 著

给青年科学家的 20 封信 ［美］爱德华・O・威尔逊 著

对权威的服从：一次逼近人性真相的心理学实验 ［美］斯坦利・米尔格拉姆 著

The Philosophy Shop

哲学商店

培养哲学思维的
138道思考题

Ideas, Activities and Questions
to get People, Young and Old,
Thinking Philosophically

[英] 彼得 · 沃利
王亦兵 译

新 华 出 版 社

图书在版编目（CIP）数据

哲学商店 / (英) 彼得・沃利著；王亦兵译.
北京：新华出版社, 2016.11
书名原文: The Philosophy Shop: ideas,activities and questions to get people, young and old, thinking philosophically
ISBN 978-7-5166-2987-1

Ⅰ. ①哲…　Ⅱ. ①彼…　②王…　Ⅲ. ①西方哲学－通俗读物　Ⅳ. ①B5-49

中国版本图书馆CIP数据核字(2016)第280768号

著作权合同登记号：01-2015-2726

The Philosophy Shop: ideas,activities and questions to get people, young and old, thinking philosophically
by Peter Worley
Copyright © 2012 by Crown House Publishing Limited
This edition arranged with Crown House Publishing Limited
through Big Apple Agency, Inc., Labuan, Malaysia
Simplified Chinese edition copyright © 2017 by Xinhua Publishing House
All rights reserved
本书中文简体字出版权属新华出版社

哲学商店：培养哲学思维的138道思考题

作　　者：[英] 彼得・沃利　　**译　　者：**王亦兵

选题策划：黄绪国　　**责任印制：**廖成华
责任编辑：张　谦　　**封面设计：**奇文云海

出版发行：新华出版社
地　　址：北京石景山区京原路8号　　**邮　　编：**100040
网　　址：http://www.xinhuapub.com
经　　销：新华书店、新华出版社天猫旗舰店、京东旗舰店及各大网店
购书热线：010－63077122　　**中国新闻书店购书热线：**010－63072012

照　　排：臻美书装
印　　刷：北京明恒达印务有限公司
成品尺寸：150mm × 230mm　1/20
印　　张：19.8　　**字　　数：**320千字
版　　次：2017年6月第一版　　**印　　次：**2019年7月第二次印刷
书　　号：ISBN 978-7-5166-2987-1
定　　价：48.00元

版权专有，侵权必究。如有质量问题，请与出版社联系调换：010-63077101

致 谢

感谢哲学基金会（The Philosophy Foundation，即哲学商店的前身）的全体成员，感谢他们提供想法和资料，并在其班级上使用新章节的内容，保证本书内容均经过课堂实践且获取第一手反馈信息。测试过本书内容的专家有：戴维· 伯奇（David Birch）、安德鲁·戴伊（Andrew Day）、斯蒂夫·霍金斯（Steve Hoggins）、瑞秋·科肖（Rachel Kershaw ）、罗波·托林顿（Rob Torrington）。特别鸣谢罗波·托林顿和戴维·伯奇，感谢他们仔细阅读新增章节并提出自己的意见，感谢罗波在最后紧要关头的认真校对工作。

感谢同意让我们测试新章节的老师和学生，这让我们写作本书的准备工作更加充分。当然，我还必须专门感谢那些提出精彩问题、想出有趣思维实验想法的孩子们，他们的大部分问题和实验都已收入本书并附有专门的致谢文字。

我还想感谢彼得·亚当森（Peter Adamson）教授在哲学研究所关于“柏拉图、亚里士多德以及辩证法”的精彩演讲。哲学商店这一主题正是在我听演讲的时候开始萌芽的。

书中四个部分的标题均来源于安·克·格雷灵（A. C. Grayling）关于哲学价值的一次演讲。他将哲学分成两大类：“有什么”以及“‘有什么’所蕴含的意义”，于是我就顺着这个思路将全书分成四部分内容。

感谢伊恩·吉尔伯特（Ian Gilbert）对编辑工作所做的指导，感谢凯洛琳·兰顿（Caroline Lenton）对本书撰写工作的热情鼓励以及对本书交付印刷的大力支持。

我想再次对塔玛尔·列维（Tamar Levi）说声“谢谢你！”，感谢她才华横溢的封面设计与插图绘制，感谢她辛苦与高效的工作。

此外，我最需要感谢的是挚爱的妻子艾玛，感谢她为这本书所做的一切：编辑、撰稿、想法、耐心、鼓励、信心和爱，如果没有她和她所做的一切，这本书根本不可能问世。

前　言

欢迎光临哲学商店

古希腊哲学家苏格拉底曾经站在雅典的集市上，看着堆积如山的货架和琳琅满目的商品，感慨道：“瞧这些我不需要的东西！”但受此启发，他在集市上做起了一种性质完全不同的买卖：他出售的商品全都是哲学问题，他所使用的货币是思想和观点，他的目的是成为更加睿智、更善于思考的人，让人生变得更加充实。从这则逸事中我们也可以看到西方哲学与商店之间是有渊源的。

或许我们可以借用苏格拉底的观点，想象自己站在一个热闹非凡、令人眼花缭乱的集市上。在这个超级巨大的全球化集市中，我们受到来自四面八方各种器具和物品的连续轰炸，所有人都在告诉你：拥有这些你就会有一个“更加美好的生活”。因此，我们或许也会觉得是时候做些改变，以另一种类型的商店为解药，对抗现代商业社会所带来的压力，让我们警惕巧舌如簧的“大力丸”的陷阱，坚持古希腊哲人所提倡的“理性”与“逻辑”。毕竟，除了经济与消费上的含义，“更加美好的生活”或许还应该有更深层次的内容。

对于读者来说，《哲学商店》一书颇具苏格拉底的风格：有时逗趣幽默，启迪思维；有时一针见血，像牛虻一样虽然恼人却能让你瞬间清醒；有时说话兜圈子，一切都没有明确的答案，不免令人沮丧……但是不管怎样，总之希望这本书能够刺激你的大脑，让你更加勤于思考。

本书旨在引导读者于不经意间踏上哲学探究之路。全书共分为四大部分，内容如下：

1. 形而上学或存在论
2. 认识论或关于现实存在的可知性
3. 价值或现实存在之要义
4. 语言与语意或关于现实存在之表达

本书最后的“结语”部分收录了三篇文章，主要帮助有兴趣的读者在通读全书之后继续深入地进行哲学研究。此外，阅读本书时可打乱顺序、随意安排。为了让阅读更加系统化，我在每节后面均附有“可同时参阅以下章节”的清单，以帮助读者全面掌握本书脉络。“起始问题”与“进一步深入思考题”能够引导读者一步一步地进行思考。“结语”部分提供了一些关于哲学研究和写作的有用信息与指导。约翰·泰勒博士就如何撰写哲学论文提供了十分实用的建议，虽然这篇文章最初针对的读者是中学生，但其中的很多内容同样适用于大学本科一年级新生。戴维·伯奇向中小学老师和学生介绍了写哲学诗的一些技巧和主题，相信它们在创意十足的师生们手中一定会呈现出更加丰富多彩的成果。

目 录 CONTENTS

第三部分　价值或现实存在的要义

我们应该在商店后面专门给自己留出一个房间，一个只属于自己的房间……

摘自《论寂寞》

法国人文主义思想家蒙田

但是，你所提议的交易公平吗？我认为你想要的超过你应得的：你给我的只不过是外表上的美丽，而你想要的却是那美丽本身，这不就是所谓的“用黄铜换黄金”嘛。

苏格拉底

柏拉图《会饮篇》

哦，亲爱的潘神及此地所有神邸，请赐我内在的美丽，请让我的所有身外之物都能与我的内在达到和谐统一，请让我视睿智者为富有，请赐我谦逊之人所能够承受并负担的黄金。

斐德罗，我们还需要别的东西吗？我相信这些对我来说已经足够。

苏格拉底

柏拉图《斐德罗篇》

引　言

本书的主要内容是什么？

本书的主要内容是指导读者进行哲学探究，有些章节内容直截了当，直接解释哲学问题并向读者介绍各方辩论观点，而有些章节则着重引导读者自己对某个哲学命题进行研究和探索。这样安排主要是因为文字本身有其局限性：虽然作者力求表达清晰、明确，同时提出了很多问题引导读者进行独立思考，但因为作者与读者之间缺乏必要的互动，所以有时作者必须站出来表明自己的观点。正如柏拉图所说，真正意义上的哲学思考是无法通过文字来完成的，书籍无法回答个人问题，也不能点拨个人的未明之处。

具有讽刺意味的是，柏拉图在《斐德罗篇》（Phaedrus）这篇对话录中用文字记录了自己的（或者说是苏格拉底的）观点，时至今日这些对话却成为我们了解柏拉图哲学思想的唯一途径。因此，柏拉图虽然反对用文字表达哲学思想，自己也因此陷入了两难的境地：用书面文字无法进行真正意义上的哲学思考，但哲学似乎又离不开书面表达。对于这个问题，柏拉图选择了避而不答的态度，他在很多对话中直到最后也没有给出特定的结论与答案，而是邀请读者继续他未完成的讨论与思考。在我看来，柏拉图正是用这种方式告诉我们：哲学就是持续不断的对话过程。

秉承柏拉图的对话式哲学探究精神

本书的写作秉承柏拉图的对话式哲学探究精神，通过故事、场景、诗歌、活动等多种形式，用争论的方式带出问题。但是与柏拉图不同的是，作者们并未将对话写出来，而是将其留给读者或者学生自己去思考。从这个意义上说，本书具有鲜明的互动性质。有鉴于此，我会在下文中用“参与者”代替“读者”一词，用以指称参与课堂学习和集体讨论以及自行独立阅读的所有学习者。

此外，本书的互动性还表现在另一个地方：我在大部分的章节正文后面均附上了“资料来源”和“哲学关键词”两项内容，列出与本章节相关的哲学话题、观点、哲学家等信息，供参与者和指导者参考并对相关领域进行更加深入细致的探究和讨论。使用哲学关键词查找有关资料的时候，维基百科是相当有用的网络资源，此外还有一些专业性较强的哲学网站也很有帮助，如“斯坦福哲学百科”（The Stanford Encyclopedia of Philosophy）。

从解决哲学问题和哲学争议入手

人们常说，要想让孩子们进行哲学探究，最重要的是让他们喜欢哲学。总的来说，根据我的亲身体验与观察，孩子们的确认为哲学探究是个十分有趣的活动。那么，如果不喜欢哲学怎么办呢？实际上我注意到这样一个现象，有些人虽然会说自己不喜欢哲学，但实际上却对哲学问题没有抵抗力，他们不喜欢讨论空泛的哲学概念，却难以抵挡解决实际问题的诱惑。

哲学探究的框架

本书的每个章节均有一个“框架”，通过这个叙事框架向参与者呈现哲学观点或哲学问题。这一框架有时是故事的形式，有时是思维实验、场景、诗歌、图画或者活动。框架的作用如下：

❖ 帮助参与者理解相对较为抽象和难懂的观点：哲学一般都很难懂，其本质就是要求人们不懈地追问和思考；但与此同时哲学并非难以接近，人人都可以享受哲学思考的过程；

❖ 与哲学问题密切相关，避免参与者迷失在抽象概念的迷宫中；

❖ 让参与者以一种轻松愉快的方式接触到哲学问题和哲学观点；

❖ 揭示问题中所蕴含的意义：引导参与者在框架所提供的语境里思考“这个问题为什么重要”。参与者既可以思考该问题在现实世界里的意义，也可以将自己带入故事场景进行思考；

❖ 鼓励参与者解决问题：参与者可以思考如何帮助故事中的人物或者如何让故事继续下去。书中有些故事并不完整（如“有升就一定会有降吗？”），特意这样安排是因为未解之谜通常更能激发人动脑思考，能让人情不自禁地陷入沉思；

❖ 让原本枯燥的探究变得更加有趣和丰富多彩：有些故事颇具幽默感，让哲学探究的过程更具趣味性；

❖ 框架本身有时兼具哲学因素，因此会以特殊的方式提出哲学问题；换言之，如果没有这一框架，则故事本身就会有所缺失（参见“宙斯百无聊赖的时候会干啥？”）。

每个框架在设计的时候均着眼于是否能够突显问题，是否能让参与者轻松看到问题所在。当然，并不是所有参与者都能一眼看到问题是什么，但一般情况下只需花多点时间反复思考，问题自然就会变得清晰起来。根据我们在哲学基金会项目的工作经验，只要鼓励班级或者集体讨论的参与者积极发表不同见解，通常都能十分有效地聚焦重要的话题和问题。

阅读和创作哲学诗

你会注意到本书中有不少章节是以诗歌的形式呈现的。这些虽然算不上是严格意义上的诗歌，但你也不能说它们不是诗歌，它们主要是鼓励参与者就某个特定话题或问题进行深入的思考。孩子们喜欢诗歌这种形式，琅琅上口的语言表达能让他们学得更快、更好。此外，结语部分收录了戴维·伯奇（David Birch）的“让我们来写哲学诗”，老师们可以根据文章的指引教学生自己动手写哲学诗。

思维实验

我之前提到过有些叙事框架里包含思维实验。什么叫思维实验？思维实验是哲学家常用的一种技巧，用以引导人们在特定条件下对某个特定问题或特定概念进行思考，因为需对可变因素进行控制而且规定只能运用思维能力，所以被称为“思维实验”。除了哲学领域，这一方法也被广泛应用于科学界，“牛顿水桶实验”就是一个著名的科学思维实验，用以证明绝对空间的存在。虽然思维实验多用于哲学界且历史长达千年之久，但首次提出这一专门词汇的却是捷克物理学家恩斯特·马赫（Ernst Mach）。在本书中，有些章节直接采用思维实验的形式（如“空中飞人”），而有些则用故事进行了包装（如“蝙蝠姑娘”）。

回答各种问题：起始问题、深入思考题、中心问题

在柏拉图和亚里士多德看来，“从何处开始”对哲学探究来说至关重要。沿用这一意象，其实“往何处去”以及“如何到达那里”也同样重要。这两位伟大的哲人均不约而同地使用“战车赛场”这一古希腊喜闻乐见的场景来描写哲学探究的过程。为了帮助人们“找到地方”并对话题和问题进行分析思考，精心设计引导性问题非常有帮助。本书中我将问题分为三大类：起始问题、进一步深入思考题，以及蕴藏其中的中心问题。

起始问题：让参与者直接面对并思考哲学问题。这些起始问题均在课堂教学中实际应用过且亲证有效，能够很好地激发参与者的思考。起始问题一般与叙事框架密切相关，明确提出这些问题可以帮助参与者开启讨论。你可以将“起始问题”看作是地图上“你在此处”的指引箭头，之后在探索过程中也可不时回到此处，而一旦有了立足点，下一步就是要知道“往何处去”了。

进一步深入思考题：深入探究某个主题的一系列问题，通常会将参与者逐渐带出故事场景。不过请注意不一定要按顺序提问所列的全部问题。从“起始问题”入手，接着逐步进入深入思考题，这一安排可让参与者有一个脚踏实地的开始，然后慢慢过渡到较为抽象的思维与话语。例如在“分蛋糕的故事”这一章节里，起始问题是：“每个孩子应该分到多大的蛋糕？”而进一步深入思考题的最后一题则是：“公平与公正是一回事吗？”深入思考题隐藏在浅显的起始问题之中，通常更深也更加抽象。这些问题均经过精心筛选，源自历史上围绕某个特定话题的著名论辩、观点、理论，旨在引导参与者步步深入进行探究。借用一个比喻，如果叙事框架是大门前吸引你的东西，那么起始问题就是在向你发出邀请，鼓励你推门走

进去探索大门里面的天地，深入思考题则会一直指引着方向，让你不至于迷路。需要特别注意的是，即使在探究过程中迷路了也没有关系，因为迷失方向正是哲学的特质。所以，如果你真的迷路了，这恰好说明你正走在哲学探究的道路上。

中心问题：在深入思考题中最为核心的问题是“什么是……？”，如“什么是美丽”、“什么是信念”等。这些也被称为“苏格拉底式的提问”（Socratic Questions），因为它们在苏格拉底的问答式教学法中起着至关重要的作用，是这位古希腊哲人哲学追求与思考中的关键。为了突出这些问题在哲学上的重要性，我将其称为“中心问题”，并在问题列表中用黑体字着重标出。

在阅读讨论本书各章节的过程中，如果有合适的机会，可以随时提出中心问题。只需抛出问题然后组织讨论即可。不过需要注意的是，如果孩子的年龄较小，在回答诸如“什么是美丽”时，他们通常会说：“美丽就是说一件东西很美”。为了帮助他们避免说这种颠来倒去的“车轱辘话”，我会采用一种特别的技巧，规定在回答中心问题的时候不准用提问中出现的那个核心词。所以我会要求孩子们回答“什么是美丽”，同时规定不得使用“美”、“漂亮”这些词。哲学家将这类问题称为概念分析，讨论中心问题就是初级版的概念分析。如果想要了解更多提问技巧，请阅读彼得·沃利（Peter Worley）所著《“如果”机器：课堂上的哲学探究》（If Machine: Philosophical Enquiry in the Classroom）。

老师及讨论活动主持人须知

如果你是老师或讨论活动的主持人，那就必须事先读一遍深入思考题并认真思考每一个问题，这一点至关重要，因为这些问题是贯穿始终并隐藏在故事情景中的“思维地图”。当然，本书

所列问题并没有标准答案，但你还是应该事先对这些问题进行认真的思考，这样才能在课堂上或讨论活动中更加有效地使用本书素材，帮助参与者更好地把握学习节奏。如果你非常想要知道这些问题的答案到底是什么，最好的办法就是了解某个特定话题的权威观点和各方意见，然后可以告诉参与者就该问题曾经有哪些人发表过怎样的意见。

另外，需要格外注意的一点是：在主持哲学探究时，应尽可能避免提供任何答案。在哲学基金会组织的活动中，我们注意到，一旦老师或主持人就某个问题分享了自己的观点，孩子们的发言热情和观点上的多样性都会大打折扣。如果孩子们知道老师是怎么想的，他们就会用不同的方式重复相同的观点。直接告诉参与者答案也会破坏本书的互动性。

思考空间：“你来提问”

此外，我也专门留出空间让你来提问，请你把自己想到的以及在讨论中听到的问题记录下来。这一安排是为了让你根据自己的思考以及参与者的讨论建立起自己的问题数据库。

系统学习："可同时参阅以下章节"

我还在每个章节后面列出了可同时参阅的其他章节，老师或活动组织者、主持人可根据具体情况安排阅读和讨论，也可以此为基础围绕某些主题设计更加系统和完整的教学大纲。此外，该部分内容的价值还在于能够帮助老师及时调整教学内容，更换那些孩子们认为太难或太容易的章节，使参与者保持对探究活动的热情和兴趣。"可同时参阅以下章节"标题下所列内容均可自由切换，你可以随时选择适用的条目。以"时间"部分的各章节内容为例，其中大部分条目均可用作短期探究项目，而且彼此相通、互相关联。如果你以"超人宝贝显神通！"作为开始，孩子们很有可能会想要进一步探索时钟与时间这个话题，那正好可以继续组织阅读和讨论"超大规模时间实验"。如果参与者能力水平各异，该部分内容也能发挥用处。如在讨论"时间与时间旅行"这一话题的时候，书中所列条目适用不同的年龄段和能力水平，老师可以为不同组别选择不同的条目，在一节课上同时兼顾三四个甚至更多条目。好好使用书中"可同时参阅以下章节"这项功能，老师和活动组织者都将大获裨益。

本书的目标读者是谁？

本书适合所有人阅读，目标读者是那些不喜欢被动接收信息、喜欢主动思考的人。本书内容适合各个年龄段的读者，为使难易程度一目了然，每个条目标题下均标有适合阅读的年龄。其中有些条目是专门为小学生创作的（如“菲利与索菲”系列故事），有些则适合年龄较大的参与者（如“我有枪！”）。大部分条目虽然所标的适合年龄较低，但实际上并不排斥年龄较大的参与者。我希望各年龄段的读者都能读一读“人肉沙包鲍比”，不要将阅读范围局限于某个特定的年龄层。有些章节条目的适合年龄后标有“高级”一词，这是为了帮助青少年扩展视野、启迪思维，适用于有一定天赋、能力超群、才华出众且对哲学探究有兴趣、有热情的学生和团体。总之不要害怕尝试“高级”水平的条目，学生们可能会给你很大的惊喜。

老师和学生

教孩子们哲学有很多方法，其共同点是用开放式的探究方法通过提问和推理组织讨论，使所有人都能够积极参与进来。有些项目建议让孩子们自己提出问题、选择问题，如“孩子们的哲学”（Philosophy for Children，简称 P4C），有些则建议事先精心挑选适当的问题，如本书的“起始问题”和“进一步深入思考题”。这两种方法均适用于《哲学商店》，不过需要注意的是书中大部分例子均经过精心挑选以突出特定的哲学问题，如果让孩子们自己选择则有可能会偏离主题。当然，让孩子们根据自己的兴趣点和关注点提问有可能会发现更加有趣的哲学问题。比如像“昨天那个小姑娘”这种内容丰富的故事，相比准备好的那些问题，鼓励孩子们积极提问会使课程内容变得更加丰富有趣。

因此，综合使用这两种方法会取得最好的效果：既能保证围绕哲学重点进行讨论，同时又允许参与者在特定范围内享有主导讨论走向的自由度，记得在“你来提问”标题下记录讨论中提出的问题。为实现两者之间的平衡，哲学基金会也退出了“哲学探究”（PhiE）这一研究方法。本书“哲学探究项目指南”对此有简要介绍，想要了解更多内容请阅读彼得·沃利（Peter Worley）所著《“如果”机器：课堂上的哲学探究》（*If Machine: Philosophical Enquiry in the Classroom*）。

哲学课程、大学讨论小组及导师指导

大部分哲学课程介绍哲学议题时一般都会先对主题进行解释（如“认识论的怀疑主义”），然后让参与者阅读该领域最有影响力的哲学家著作（如笛卡尔的《沉思录》）。哲学基金会采用不同的方法，建议先让学生接触具体的情景，其中蕴含着某个特定哲学主题的相关基本概念及问题。如“庄生晓梦迷蝴蝶”这一场景中就融入了认识论的怀疑主义观点以及关于梦境的一些争论。我们鼓励学生首先进入一个特定的场景，这个场景能够为他们接下来的思考设立一个语境，同时也让课程主持人有机会将哲学家及其理论和观点放在一个特定的场景中进行讲解和讨论。这样一来，学生在接触到哲学家及其理论之前就已经开始了积极的哲学思考。此类例子在本书中俯拾皆是，其中有很多就是哲学教授在大学教学期间专门为学生撰写的。

哲学阅读、讨论小组、青少年团体、教会团体

很多人都喜欢聚在一起讨论哲学问题，因此哲学阅读和讨论小

组的数量也在日益增多。如果你喜欢哲学小组这种学习形式，那么本书就是你的最佳选择，因为书中收录的章节条目适用于各个年龄段的参与者，本书的编写宗旨就是要让所有人都能对哲学这一看似高端、抽象的学科“尽快入门”，不至于迷失在抽象的概念和枯燥的文字里。阅读和讨论小组可以充分利用每个章节后面列出的“哲学关键词”，深入讨论小组成员感兴趣的各种哲学理论和观点。

父母亲子阅读及课外哲学俱乐部

哲学基金会经常收到家长们的咨询，希望我们能够提供一些有用的信息和资料帮助他们开发孩子的哲学思维能力。图书馆里有不少可供青少年自己阅读的哲学启蒙书籍，也有不少可用于课堂讨论的阅读资料，但似乎并没有多少可供父母亲子阅读用的图书。《哲学商店》想要改变这一现状，本书内容适用于各个年龄段的参与者，其中有很多非常适合青少年甚至低龄儿童阅读。每个章节标题下面均标明该条目适用的参与者的“适合年龄”；鉴于本书材料的庞杂与广泛，建议父母根据孩子的具体情况有选择地使用本书内容，不建议父母将本书交给孩子任其自行阅读，因为与自己独立阅读相比，一群孩子一起阅读和讨论所产生的效果会更好。当然，这在很大程度上取决于孩子的具体情况，建议家长认真阅读后面的“哲学探究项目指南”。此外，家长可以联合其他家长一起组织课外哲学俱乐部，用游戏、蛋糕、饮料等吸引孩子们积极参与，帮助他们踏上哲学探究的旅程。如果想要了解如何组织游戏可登陆哲学基金会的会员网站 www.philosophy-foundation.org。

自己独立阅读

其实本书并不仅限于集体阅读，只要你喜欢动脑、热爱思考，

不大喜欢读长篇大论、充斥着抽象概念和晦涩词汇的书籍，那么本书就是你的最佳哲学读物。你可以将本书的每个条目看作略带欧洲风味的日本俳句：随意翻开书，从哪一篇开始都可以，读一读故事，想一想问题。你可以在外出旅行的时候随身带着它，也可以在等车的时候翻看，既可以当厕所读物，也可以在晚餐会或家庭聚会的时候抛出几个书中的问题将大家带离老生常谈的乏味话题。不过如果想要最大限度地利用本书，独立阅读者可以此为起点开始自己的哲学探究之路，并在读完此书后就感兴趣的哲学问题自己动手创作更多章节和条目。

哲学探究项目指南

不论是在酒吧、大学研讨会、还是小学课堂上组织讨论，掌握一两个技巧都会非常有用。首先要任命一位“主持人”。主持人一般不参与讨论，主要任务是鼓励、帮助参与者就议题进行讨论。围绕本书内容进行哲学探究可遵循以下步骤：

1. 描述场景

对参与者朗读故事、诗歌或指引，必要的时候可用不同方式展示故事场景，如“转晕了！”照顾以听觉、视觉、动觉为主要学习方式的孩子分别使用不同的展示方法；“谁偷了谁的铅笔？”用表演的形式帮助孩子们理解情景；“来认识一下铅笔人”则使用道具对故事进行解释。这些章节条目均为灵活使用各种方法描述场景的典型例子，你可以发挥创意，用其他方法更好地向参与者讲述本书的故事。

2. 必要时应让参与者有时间对场景进行讨论以加深理解

如果参与者年龄较小，则有必要让他们相互讨论一下刚听到的故事情节。如阅读“美德与责任”这一章节的时候，你可以在黑板或白板上分别写上“阿蕊特”和“迪杨”这两个人的名字，并要求孩子们列出他们的主要特点。这样有助于孩子们理解故事情节，同时也为后来讨论人物打下了基础。本书不少章节的故事均适用这一方法。

3. 提问“起始问题”

主持人应明确提出这一问题，然后将其写出来让大家都能看到，尽量保证围绕这一问题进行讨论，即使讨论期间稍有偏离也应及时回到起始问题上来，几个回合之后大家就会对这个问题有更加深入的理解。

4. 鼓励参与者进行讨论

描述完故事场景并提出起始问题以后，应给参与者几分钟时间独立思考或者与前后左右的人讨论，最好是两人一组或者分小组讨论。

5. 对起始问题进行分组探究

分组讨论应主要围绕起始问题进行，主持人可在适当的时候重复起始问题，提醒各讨论小组不要偏题。如果讨论自然而然地进入深入思考题，则可顺势要求该小组继续讨论下去。本书中有些章节所涉及的领域较为简单，如“转晕了！”和“永远说不的小姑娘”，有些则可扩展为较为复杂的探究项目，如“一个能工巧匠的秘密”。

6. 注意小组讨论是否开始涉及进一步深入的思考题

主持人应注意听各小组的讨论进程，了解参与者是否已经开始讨论进一步深入的思考题。如在“路易斯的美丑探测器”这个故事里，如果有人问“那么到底什么是美？”，这就表明探究已经进入下一步，应该让大家开始讨论“什么叫美”这个中心问题了。

7. 必要时再提问进一步深入思考题

对章节后所列的深入思考题无须按顺序提问，这些问题的主要作用是对讨论进行指导。主持人应该让各小组自己决定讨论的走向和话题，最好在讨论水到渠成之时再引出深入思考题。

8. 在“你来提问”标题下列出新问题

讨论结束以后，将参与者在讨论过程中提到的，或者你想到的新问题记在这里。

9. 可同时参阅以下章节

查看本书哪些章节内容可作为继续讨论的话题，如“菲利与索菲去约会”可作为“智慧之神与国王关于文字的争论”这一条目的引子，“时间”部分的很多条目均可根据讨论的具体情况混合使用，如果衔接巧妙的话，一节课的时间即可讨论三四个条目的内容。

10. 研究每个章节条目后面所列的哲学关键词

比如讨论完“空空荡荡”或“伊米的盒子”以后可以继续探究牛顿及绝对时间/空间、莱布尼茨与关系时间/空间、康德与心理时间/空间等概念。

中小学的老师如果想要了解更多关于如何有效组织讨论的信息和知识可阅读彼得·沃利（Peter Worley）所著《“如果”机器：教室里的哲学探究》（*The If Machine: Philosophical Enquiry in the Classroom*）一书，主要内容包括发言管理、主持技巧、鼓励思考的方法以及 25 个详细的备课教案。此外，哲学基金会也提供有关提问与探究技巧的培训服务，登陆 www.philosophy-foundation.org 可获取更多信息和资源。

第一部分

形而上学或存在论

形而上学：本体论（存在论）

刀子的发明

彼得·沃利（Peter Worley）

适合年龄：10岁及以上

洞穴人乌格找到一头死了的猛犸象。这头大象应该属于自然死亡，因为它的皮毛上没有剑齿虎噬咬后留下的痕迹。冬天眼看就要到了，乌格非常需要猛犸象的肉和皮毛，却苦于无法切割眼前这个庞然大物，因为刀子这种东西当时还没有被发明出来呢。

于是乌格只好到处寻找、收集石头准备生火。是的没错，当时的洞穴人已经发明了钻燧取火术！突然一个不小心，乌格的手被一块尖锐的岩石割破了（我们现在管这种石头叫“燧石”或“打火石”。）这让他有了个好主意：既然这块岩石的边缘如此锋利，那应该可以切得动猛犸象吧。就这样，在新工具的帮助下，他不仅顺利拿到了肉，还成功剥下了整张大象皮。

第二天，他用另外一种质地更加坚硬的岩石将燧石削琢成特定的形状，将一侧打磨得更加锋利，这样新工具使用起来变得更加方便、有效。后来，他开始用这种新工具做更多事情，发明出很多当时没有的东西，比如碗、凳子、桌子等。再后来，他学会了如何制作这种切割工具，这样就不怕用坏了，还可以用来和其他洞穴人做物物交换。不久，乌格所在的部落人人手中都有了这种新的工具，他们给它起名叫“刀子”。

起始问题：岩石这一物体在何时变成了一把刀子？

请先思考一下这个起始问题，然后再阅读以下提示。

岩石变成刀子是在：

1. 即将成为刀子的那块岩石静静地躺在地上的时候？
2. 乌格不小心被石头割破手的时候？
3. 乌格有了个好主意的时候？
4. 乌格将石块重新削凿成型的时候？
5. 乌格第一次使用岩石的时候？
6. 工具首次被命名为“刀子”的时候？
7. 还是别的什么时候？为什么？

进一步深入思考题：

❖ 什么是刀子？你能说出刀子的定义吗？

❖ 乌格的工具到底是不是刀子？

❖ 刀子必须是某种特定的形状吗？

❖ 如果“刀子”、“碗”、“凳子”、“桌子”这些东西均未被命名，那它们是什么？

❖ 什么叫存在？

❖ “存在”是什么意思？

你来提问

❖

❖

❖

哲学关键词：本体论（Ontology）、存在论（Existence）、存在（Being）、意义与参照（Sense and Reference）、亚里士多德（Aristotle）、维特根斯坦（Wittgenstein）、弗雷格（Frege）

正方形 2

彼得·沃利（Peter Worley）

适合年龄：7 岁及以上

2	2
2	2

起始问题：请先看一下这些 2，你认为这个正方形里有几个数字？

进一步深入思考题：

❖ 你能想出多少个答案？

❖ 如果有人说这里一个数字都没有，你知道他们为什么会这么说吗？

❖ 什么叫数字？

❖ 数字是真实存在的，还是编造出来的？

❖ 人类发明了数字，还是发现了数字？

❖ 你能从哪里找到数字？

❖ 你在“正方形 2”里看到的符号是数字吗？

❖ 如果这些符号不是数字的话，那么究竟什么是数字呢？

❖ 在一张空白的纸上写一个数字 2，然后盯着它看几分钟，此时这个符号看上去还像 2 吗？再旋转纸张，从不同的角度看它。这个练习给了你哪些思考？

你来提问

❖

❖

❖

资料来源：罗伯·托林顿（Rob Torrington）关于柏拉图理型论（Plato's Forms）的教案

哲学关键词：数学的哲学、虚构主义（Fictionalism）、柏拉图（Plato）、亚里士多德（Aristotle）与形式理论（Forms）

---

①《7岁开始的哲学思维启蒙》（*Thoughtings: Puzzles, Problems and Paradoxes in Poetry to Think With*），作者彼得·沃利（Peter Worley）、安德鲁·戴伊（Andrew Day），Crown出版社，2012年出版。中文版与本书同时出版。

关于甜甜圈的甜蜜困惑

阿尔弗雷德·阿彻（Alfred Archer）

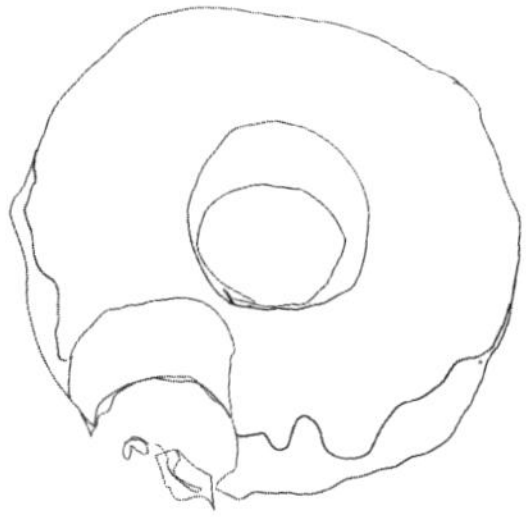

适合年龄：5 岁及以上

道具：

❖（可选用）任何甜甜圈形状的东西，如孩子们的玩具，也可使用真的甜甜圈（但是有可能会弄得一片狼藉，要做好打扫卫生的准备！）

❖（可选用）一袋宝路薄荷糖

爱丽丝手里拿着一个甜甜圈，满脑子想的都是甜甜圈中间的那个洞洞。她问了自己一连串问题，还做了不少“实验”。以下就是她的一些问题和实验，你也一起来看看吧。

起始问题：甜甜圈中间的那个洞洞真的存在吗？甜甜圈中间有个洞洞还是什么都没有？（第二个问题视参与讨论的孩子的年龄大小决定是否提问）

进一步深入思考题：

❖ 这个洞洞是甜甜圈的一部分吗？

❖ 这个洞洞是个物体吗？

❖ 甜甜圈中间有个洞洞，还是什么都没有？

❖ 什么叫洞洞？

❖ 实验 1：如果移动甜甜圈，洞洞是不是也跟着一起移动？

❖ 实验 2：如果吃掉甜甜圈，是不是连洞洞也一起吃掉了？

❖ 实验 3：你能不吃甜甜圈只吃洞洞吗？

❖ 实验 4：如果你把甜甜圈掰成两半，这时洞洞去哪里了呢？

❖ 你能有一个完整的洞洞吗？

❖ 你能有半个洞洞或者一个不完整的洞洞吗？

你来提问

❖

❖

❖

资料来源：http://plato.stanford.edu/entries/holes/

哲学关键词：孔洞哲学、本体论（Ontology）、认识论（Epistemology）、参照（Reference）、“假设”实体、虚构

伊米的盒子

彼得·沃利（Peter Worley）

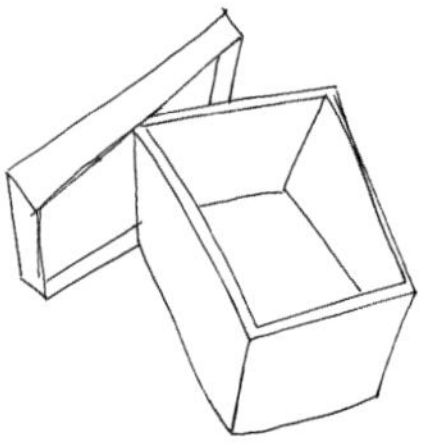

适合年龄：10岁及以上，高级

伊米有个盒子，他想要倒空它，而且是要完完全全、彻彻底底地清空这个盒子。于是他先打开盒子，发现里面有些琐碎的小东西：一根铅笔、一块橡皮，还有一些小玩具（如果在学校讨论这个问题，可以准备一个盒子，事先在里面放一些小东西）。

他把这些小东西一样一样地从盒子里拿出来，直到盒子里一样东西都不剩。那么，此时的盒子是空的吗？

起始问题1：这个盒子现在清空了吗？

进一步深入思考题：

❖ 你能想得出盒子里现在还有什么东西吗？

❖ "空"与"无"是一回事吗？

❖ 盒子里能够装满"无"吗？

❖ 盒子的里面在盒子里面吗？

❖ 什么叫"空"？

只要是你能想得出来的东西，伊米都能把它们从盒子里拿出来。那么，你能想到盒子里还有什么东西吗？将这些东西列成清单（比如指纹、细菌、原子等），伊米会一样一样把它们全都从盒子里清理出来。

那么，伊米将你能想得到的所有东西全都清理出来以后，这个盒子终于被完完全全、彻彻底底地清空了吗？盒子里会不会还有别的什么东西呢？

就这样一直重复到伊米感到满意为止，直到他相信盒子已经被完完全全、彻彻底底地清空了。你能做到吗？

起始问题 2：这个盒子能够被完完全全、彻彻底底地清空吗？

进一步深入思考题：

❖ 有可能完全、彻底地清空这个盒子吗？

❖ 是否有什么东西是永远都无法从盒子里清理出去的呢？

❖ “真空”的定义是：一个完全没有任何物质的空间。如果你能够在盒子里制造出一个真空，那么此时的盒子就是空的吗？还是仍然存在什么无法清除的东西呢？

❖ 那么盒子所在的空间呢？伊米是否可以清除掉这个空间？

❖ 如果伊米能够清除掉空间，那会发生什么？

❖ 还有盒子所处的时间呢？伊米可以清除掉时间吗？

❖ 如果伊米能够清除掉时间，那又会发生什么？

❖ 这个盒子在时间里吗？

你来提问

❖

❖

❖

资料来源：鸣谢本·杰弗里斯（Ben Jeffreys）与克莱尔·菲尔德（Claire Field）用“康德的盒子”（Kant's Box）向学生介绍先验空间和时间概念。

哲学关键词：康德的先验空间与时间理论（A priori space and time）

猫头鹰先生到底怕什么?

戴维·伯奇（David Birch）

适合年龄：7 岁及以上

猫头鹰先生和猫头鹰太太结婚多年，一直都安安乐乐、舒舒服服地住在森林深处一棵老橡树的树洞里。他们俩白天睡觉，夜幕降临以后才离开树洞外出打猎觅食。

猫头鹰是夜行动物，所以需要一双大大的眼睛帮助他们在夜晚看得更清楚。可怜的猫头鹰太太已进入暮年，视力大不如前，不能再跟年轻的时候比，所以几个月前外出搜寻猎物时候就已经开始需要戴上眼镜了。

一天晚上，猫头鹰太太穿戴齐整以后匆忙离开树洞，结果忘了戴眼镜。

“哦，老天！”她说，“亲爱的我把眼镜忘家里了，你能帮我回去拿一下吗？”

“什么？现在吗？”猫头鹰先生有点犹豫。

“是啊，就现在啊。我这样啥都看不清，要是一头撞上豪猪怎么办？”猫头鹰太太咯咯笑着说。

猫头鹰先生“呃……”了一声，然后陷入沉默。

“咕噜咕噜，快点啊亲爱的，别在那儿叽里咕噜的。”

“非得要我去吗？你自己不能回去拿吗？”

“你说啥！你到底怎么回事？”猫头鹰太太不高兴了。

“嗯，我有点儿……害怕。”

“害怕？怕啥？”

"那边看上去好黑啊，"猫头鹰先生回答。

"猫头鹰先生，你是说你怕黑吗？"

一阵沉默。"是的。"

"亲爱的！你怎么能这样呢？你怎么能怕黑呢？"

"别生气啊"，惊恐不安的猫头鹰先生用恳求的语气说道。

"可那是我们的树洞，是我们的家啊。你知道那里没什么可怕的东西。你到底怕什么呢？"

"怕黑。"

"得了吧，亲爱的。没有光自然就会黑了。黑就是——就是啥都没有啊"，猫头鹰太太耐心解释道。

"是啊，啥都没有就是没啥。没啥是我怕的啊"，猫头鹰先生直截了当地承认。

"没啥是你怕的？那太好了，你可以回去给我拿眼镜了。说真的，猫头鹰先生，你有时候可真是……"

"不不不，你没听明白我的意思。我说没啥是我怕的，我怕的就是没啥。"

"嘿，亲爱的，这完全说不通啊"，猫头鹰太太皱起了眉头。"你一会儿说怕，一会儿又说不怕，那你到底是怕还是不怕呢？"

"怎么说不通啊"，猫头鹰先生急了。"亲爱的，我不能回树洞去给你拿眼镜，因为那里漆黑一片，啥都没有，我怕的就是这个。"

"哦，好吧好吧，我明白了"，猫头鹰太太打算换个战略。"这么说没啥让你害怕？"

"对了！"

"那我们还在这儿争论个啥？"

"没啥啊。"

"就是啊，那不就行了吗！"猫头鹰太太举了举翅膀。"我的眼镜好像放在衣帽架旁边。"

"老天！"猫头鹰先生叹了口气："我不能回去给你拿眼镜。

听见了吗？不能！”

“到底是啥问题呢？”

“没啥。”

“那不就行了吗？那你为啥还像个鹦鹉一样说个没完呢？你又不是鹦鹉，亲爱的，你是猫头鹰。赶紧的吧！”

习惯了按照太太命令行事的猫头鹰先生本能地转过身要回树洞，但是一想到漆黑的树洞，他内心深处的恐惧又被唤醒了：“不行，那里太黑了……”

于是争论继续：猫头鹰先生一直表示没啥是他最怕的东西，猫头鹰太太表示这很好啊，那你赶紧回去给我拿眼镜吧。就这样，两只猫头鹰蹲在树枝上吵个不停，像鹦鹉似的将这两句话车轱辘一样重复来重复去，一直到今天也没能辩出个所以然来。

起始问题 1：如果猫头鹰先生怕黑的话，那他到底是怕什么东西呢，还是没什么好怕？

进一步深入思考题：

❖ 黑暗到底是没什么东西，还是有什么东西？

❖ 什么叫黑暗？

❖ 猫头鹰先生和猫头鹰太太的争论会结束吗？

❖ 黑暗有没有好的一面？

❖ 什么叫害怕？

❖ 我们为什么通常会害怕黑暗？

起始问题 2：如果“没有什么”是猫头鹰先生最怕的，那么他到底有没有害怕的东西呢？

进一步深入思考题：

- ❖“没有什么”也能算是“什么”吗？
- ❖“没有什么”是一个人最害怕的，这可能吗？
- ❖“没有什么”还能比“有什么”更可怕吗？
- ❖什么叫“没有”？

你来提问

❖

❖

❖

哲学关键词：逻辑（Logic）、本体论（Ontology）、存在主义与焦虑（Existentialism and Anxiety）、克尔凯戈尔（Kiekegaard）、海德格尔（Heidegger）、萨特（Sartre）、田立克（Tillich）

寂静之声

彼得·沃利（Peter Worley）

适合年龄：7岁及以上

哲学练习：阅读以下歌词并在心中默默哼唱生日歌的旋律，不要唱出声。如果是在课堂上组织该项活动，可以指挥全体学生只张嘴不出声地一起“唱歌”。（如果有人真的过生日，就对他们不出声地唱“祝你生日快乐”！）

祝你生日快乐
祝你生日快乐
祝你生日快乐
祝你生日快乐某某
祝你生日快乐
歌词作者：佚名

起始问题：你刚才听见生日歌了吗？

进一步深入思考题：

❖ 什么叫听见？

❖ 什么叫声音？

❖ 如果声音只存在于你自己的脑子里，那它真的存在吗？

❖ 伟大作曲家贝多芬晚年几近失聪，那么可以说他耳聋的时候能听到自己创作的曲子吗？

❖ 如果贝多芬先天性失聪，你的答案会有所不同吗？

❖ 如果贝多芬先天性失聪，你认为他还能创作出像《欢乐颂》这样的乐曲吗？

❖ 你必须先听到声音，然后才能想象出声音吗？

❖ 失聪音乐家伊芙莲·格妮（Evelyn Glennie）靠声音的震动来感知音乐，那么她用这种方式可以听见音乐吗？

你来提问

❖

❖

❖

资料来源：有一次围绕《7岁开始的哲学思维启蒙》中“两耳之间”这一章节组织孩子们进行讨论，要求他们说出自己脑子里除了“大脑”这一实实在在的物质之外还有什么，比如说思想和观点等。七岁的伊莲娜回答：“还有我脑子里的音乐。”本条内容即受其启发撰写而成。

哲学关键词：声音现象学（Phenomenology of Sound）、声音/音乐的本体论（Ontology of Sound/Music）

一大堆练习？

彼得·沃利（Peter Worley）

适合年龄：7 岁及以上

练习一

1. 将书本、铅笔、珠子等堆成一堆。
2. 从这堆东西中随便拿走一样，它还是一堆吗？
3. 再拿走一样东西，它还是一堆吗？
4. 每次拿走一样东西，直到你认为不能称之为“一堆”即可停止。

起始问题 1：什么时候不能称之为“一堆”了？为什么？

练习二

1. 将书本、铅笔、珠子等放在地上，这是“一堆”吗？
2. 任选两件东西放在一起，现在能说这是“一堆”了吗？
3. 再添加一件东西，现在是“一堆”了吗？
4. 每次添加一样东西，直到你认为可以将其称之为“一堆”为止。

起始问题 2：什么时候地板上的东西可以称之为“一堆”了？为什么？

进一步深入思考题：

❖ 什么叫“一堆”？

❖ 何时可称一堆东西为“一堆”？

❖ 何时一堆东西不再能被称为“一堆”？
❖ 这一难题是否有答案？
❖ 说一堆东西是“一堆”何时对？何时错？
❖ 有可能出现既不对也不错这种情况吗？
❖ 有可能出现既对又错这种情况吗？
❖ 本页的这些练习题可以被称为“一堆练习”吗？

扩展活动一

1. 将一张 A4 纸平放在自己面前；

2. 在纸的左侧画一个婴儿，在右侧画一个儿童；

3. 在婴儿与儿童之间画一条直线；

4. 在这条线上你认为婴儿变成儿童的地方打个叉，你能做得到吗？

扩展活动二

1. 开始小声说话；

2. 想象有个人在用遥控器操纵你的音量且将音量逐渐调大；

3. 你的声音越来越大，从低语变成尖叫。

起始问题 3：低语究竟何时变成尖叫？

扩展活动三

起始问题 4：云的边界在哪里？

进一步深入思考题：

❖ 云是由什么构成的？
❖ 你怎样才能找到云的边界？

❖ 找到云的边界以后，你怎么知道这就是你要找的东西？

❖ 用水壶烧水，水烧开以后会冒出一团水蒸气，它的边界在哪里？（注意：要格外小心不要被烧水壶里出来的水蒸气烫伤！）

❖ 云有边界吗？

❖ 当云变成雨的时候，云在何处结束？雨又从哪里开始？

❖ 水或冰和云是一回事吗？

你来提问

❖

❖

❖

资料来源：“古希腊的 Sorites 悖论”（sorites 在古希腊语中是“堆”的意思）。感谢戴维·伯奇（David Birch）提供扩展活动，感谢 11 岁的克拉丽莎（Clarissa）提出“云的边界在哪里”这一问题。

哲学关键词：模糊性（Vagueness）、二价（Bivalence）

越过河流，进入森林

安吉·霍布斯（Angie Hobbs）

适合年龄：9 岁及以上

露西刚刚过完自己的九岁生日，可她第二天还想继续过生日。她表示："我的生日应该庆祝一个星期才行。"这是五月份一个温暖美丽的星期天，于是妈妈提议露西邀请两三个好朋友过来，大家一起去附近开满蓝铃花的树林里野餐。

他们在野餐篮里塞满了披萨、巧克力蛋糕、草莓，然后穿过一片田野朝蓝铃花树林走去。前往树林的路上要经过一条小河，河上架着一座古老的小木桥，桥下的河水汩汩流过白色的石块，在阳光下闪闪发亮。他们在桥上驻足停留了几分钟，一起往水里扔小木棍，看谁的木棍先从小桥的另一边漂出来。露西坐在桥上，把穿着靴子的一只脚伸进水里，看河水在靴子周围打转。

他们在一棵高大的老橡树下野餐，树干上满是树瘤。野餐过后，他们开始爬树，在树林里嬉戏玩耍，跑累了就直接躺在地上玩手机游戏。妈妈大声抗议，但孩子们把妈妈的唠叨全都当成耳边风，因为他们实在是太开心了。

最后，他们收拾好野餐篮准备回家，途中再次经过那座小木桥。孩子们之前扔到水里的小木棍几乎全都被流水带走了，只有一根被水草缠住，河水围着木棍翻腾、打转。

起始问题 1：孩子们两次走过小木桥，他们穿越的是同一条河流吗？为什么？

一年以后，露西还要跟去年一样过完生日后去树林野餐。这次是个周一，所以孩子们放学以后才去。他们走过小木桥（露西跟上次一样把一只脚伸进水里），发现有段河岸塌了，很有可能是因为前两天下的那场暴雨。他们在老橡树下野餐，在开满蓝铃花的田野里玩新的手机游戏。妈妈已经放弃了，不再唠叨他们。所有人都很开心。回家的路上，他们站在桥上往下扔小木棍，这一次是妈妈扔的那根木棍先出来的。

起始问题2：一年后，孩子们越过的是同一条河流吗？为什么？

进一步深入思考题：

❖ 如果你认为是同一条河流，那是什么使其成为同一条河流呢？

❖ 如果你认为不是同一条河流，那我们为什么还能将其称为“那条河流”呢？

❖ 我们为什么还能用同一个名称来叫它呢？

❖ 我们怎么能用不变的词汇来确指并不稳定、静止的物体呢？

❖ 孩子们野餐时，旁边那棵老橡树还是同一棵橡树吗？

❖ 露西10岁的时候和9岁的时候是同一个人吗？

❖ 如果万物一直处于永恒的变化中，那么是什么使其保持前后不变、可称为同一事物呢？

❖ 如果万物永远都在变化，那么一条河流、一棵橡树、一个小姑娘的特性又是如何形成的呢？或许变化就像一闪而过的涟漪和漩涡，而并非独立存在的事物？

❖ 变化速度的快与慢有区别吗？

❖ 如果万物只不过是有变化的倾向，而不是真的一直都在变化，事情会有所不同吗？

❖ 什么叫变化？

再进一步的深入思考题：

❖ 这个小故事是根据古希腊哲学家赫拉克利特一个非常著名的悖论创作出来的。他认为一个人不能两次踏进同一条河流，因为河水是流动的，河水在不同的时间并不相同。他的学生克拉底鲁则在此基础上更进一步，认为人一次也不能踏进同一条河流！因为在一个永恒变动的世界里，特性这种东西根本就是不存在的。严格意义上说，我们甚至不能探讨“河流”这一概念。

❖ 你是否同意克拉底鲁的观点？

❖ 真的有人能够通过语言完全认同克拉底鲁的观点吗？还是说在他所描写的那个世界里，语言这种东西根本就不可能存在？（克拉底鲁显然不打算回答这些问题，他只会沉默不语地坐在那里。）

你来提问

❖

❖

❖

资料来源：苏格拉底哲学家赫拉克利特（Heraclitus）及其学生克拉底鲁（Cratylus）

哲学关键词：特性（Identity）、变化 / 恒动（Change/Flux）

聪明绝顶？

彼得・沃利（Peter Worley）

适合年龄：10 岁及以上，高级

阿里听人说用手摩挲神灯能够召唤出灯里的精灵。如果你能将精灵从神灯里解放出来，他们就会满足你的所有愿望。

于是他天天都去摩挲各式各样的灯，忙活了整整三个星期。正当他精疲力尽、心灰意冷的时候，刚摩挲过的那盏灯突然亮了起来。其实对于神灯是否真的存在这个问题，阿里本就不抱太大希望。诧异之下，他手中的灯掉到了地上。只见那盏灯喷出一阵蓝烟，在灯的上空形成了一朵奇怪的云。云上端坐着一个精灵。

只听精灵声如洪钟地说："我是这盏神灯的精灵，是你见过的最强大的精灵。"

阿里揶揄道："好吧……反正我也只见过你这么一个精灵。"

精灵没有理会他的嘲讽，继续吹嘘道："就算你见过成百上千个精灵，我也是最强大的那个，因为我就是他们说的那种'聪明绝顶、无所不能的精灵'。顺便说一句，'无所不能'的意思就是说没有什么是我做不到的……"

于是在接下来的半个小时里，阿里不得不听这位"无所不能"的精灵滔滔不绝地吹嘘自己如何超凡脱俗、如何强大能干、如何出类拔萃。终于，精灵把话题兜了回来，表示可以满足阿里提出的任何愿望，但此时阿里对精灵的自我吹嘘已经厌烦到了极点。而且这个精灵表示只能满足阿里的两个愿望，这可跟阿里之前听说的不大一样。说好的可以许三个愿呢？他不禁感到十分失望。

精灵结束了自己的长篇大论，对阿里说："你可以许两个愿望，什么样的愿望都行。记住：对'聪明绝顶、无所不能的精灵'来说，没有什么是不可能的！"

阿里很不喜欢精灵的大夸海口，于是想出了一个整蛊精灵的好办法，打算教训一下他，让他从此不敢再这么夸口。"我可真是个聪明绝顶的天才啊！"他在心里暗暗夸赞自己。

于是他对精灵说："你听好了，我的第一个愿望是要你变出一座连你自己都搬不动的大山。"他的语气中带有一丝恶作剧的狡黠。

"对'聪明绝顶、无所不能的精灵'来说，没有什么是不可能的"，精灵一边说一边摆出了许愿的姿势。只听轰隆一声，一座巨大的山峰瞬间出现在他们面前。

阿里问："你确定连你自己都搬不动这座山吗？"

"当然！"精灵回答，不过阿里注意到他根本就没有想去搬的意思。"好了，你现在可以许第二个愿了"，精灵不耐烦地催促道。

阿里眼睛闪着恶作剧的光，说道："好吧，我的第二个愿望就是……现在请你把这座山搬走！"

"这……这……"精灵的脸上写满了困惑。

阿里哈哈大笑道："哼，你要记住这个教训！现在你知道自己不是聪明绝顶了吧，以后别再瞎吹嘘自己了！"但是他马上意识到自己也犯了一个错误：为了证明自己比精灵更聪明绝顶，两个愿望就这样被白白浪费了！现在可好，他自己的什么愿望都别想实现了。唉，真是个傻瓜！

起始问题：如果无所不能的精灵真的可以做到任何事情的话，那么他能同时满足以下两个愿望吗？

第一个愿望：变出一座精灵自己也搬不动的大山。

第二个愿望：把刚才变出来的山搬走。

进一步深入思考题：

❖ 对精灵来说，没有什么是不可能的吗？

❖ 没有什么是不可能的吗？

❖ 阿里想到了什么是精灵不可能做得到的吗？

❖ 阿里是否证明了精灵根本不是万能的？

❖ 你能想到有什么是绝对不可能的吗？

❖ 如果精灵能够满足这个愿望，会发生什么呢？

❖ 如果精灵不能满足这个愿望，会发生什么呢？

❖ 《路加福音》第一章第 37 节说：“出于神的话没有一句不带能力的。”请讨论这一观点。

你来提问

❖

❖

❖

资料来源：伊本·路世德（Ibn Rushd，西方常称之为阿威洛伊 Averroes）与万能悖论（Paradox of Omnipotence）

哲学关键词：宗教哲学、逻辑可能性

这只是个测试哦!

彼得·沃利（Peter Worley）

适合年龄：9岁及以上，高级

现在需要你运用一下想象力，想象上帝在创造出万物之前先要创造出一样东西，他决定创造一个星球，测试一下自己的能力。他说："要有星球。"于是便有了一个星球。

起始问题1：上帝创造出来的这个星球大吗？

进一步深入思考题：

❖ 多大才算是大呢？

❖ 什么决定了某个物体的大小？

❖ 什么叫大小？

❖ 只有一个物体可以称之为"大"吗？

❖ 大小是否取决于比较？

❖ 如果上帝创造出来的星球没有任何参照物可作比较，那怎么知道它是大还是小呢？

❖ 上帝的大小会如何？

❖ "大"真的很大吗？

❖ 有什么东西会永远都大、永远都不会小吗？

你来提问

❖

❖

❖

资料来源：首次提出本思考题是在学校课堂上，要求 11 岁的孩子们讨论人到底是发明了数字还是发现了数字。

哲学关键词：关系的概念、数字的性质

满纸无一物

索菲亚·妮可利达基（Sophia Nikolidaki）

大问题

从本页问题列表中任选一个，看你能否回答？（你也可以在1—21中随便选择一个数字，然后回答数字所对应的问题）

起始问题：

1. 某物是否可以是“无”这种东西，也就是什么都没有？

2. “无”是否存在？

3. 是否存在“无”一物、什么都没有的地方？

4. 当你说自己“啥都没做”、“无事可做”的时候，实际果真如此吗？

5. “无”到底是什么意思？

6. 有没有什么东西是可以代替“无”的？

7. “无”和“没有”只是词汇吗？如果是的话，我们是否仍能坚持认为“那里啥都没有”？

8. 一个声音是否真的可以“逐渐消失、化为乌有”？

9. 零是“无”吗？

10. 你能画出“无”吗？

11. “无”有什么用处吗？

12. 我们为什么会用“没什么”来表扬某人或某物？（如：“没什么比一杯好茶更赞的了”，这句话真的讲得通吗？）

13. 某人或某物可以是“没什么”吗？

14. 你真的能够做到“没什么”感觉、什么都不想、什么都不做吗？

15. “那不重要”和“那没啥”是一个意思吗?

16. “无”之前是什么?

17. “无”之后是什么?

18. 幻觉是“无”的一种形式吗?

19. 你真的能做到“没有隐藏任何东西”吗?

20. 隐藏会逐渐变成“无”吗?

21. 有什么比“无”还要少吗?

你还有没有其他关于“无”和“没什么”的问题?把你能想到的问题全都列在这一页上吧。

你来提问

❖

❖

❖

哲学关键词:前苏格拉底哲学家巴门尼德(Parmenides)及其关于“无”(Nothingness)的理论、萨特(Sartre)、海德格尔(Heidegger)关于“无”的论述。

布里丹的小行星难题

罗伯特·托林顿（Robert Torrington）

适合年龄：9 岁及以上

在遥远的未来，地球已经毁灭，侥幸生存下来的人类在此前的 3141 年里只能靠一部智能电脑的指引在太空中穿行，寻找适合居住的新世界。这部电脑的全名叫作“仁慈的宇宙研究、识别、导航系统”，因为它的英语名称缩写和法国哲学家布里丹的名字一模一样，所以也被称为“布里丹”。它具有高级数学计算能力以及严丝合缝、完美无瑕的逻辑和推理能力，几千年来一直保障着人类的安全。

有一天，布里丹向宇宙飞船发出了“停止飞行”的指令。

原来在距离飞船左侧 100 光年远的地方有一颗小行星。这个星球足够大，而且非常适合人类居住生活。问题是距离飞船右侧 100 光年远的地方也有一颗小行星，两个星球不论是形状还是大小全都一模一样，与飞船的距离也完全相等、分毫不差，就像两个双胞胎星球一样，如果是在不同的地方，你很容易将它们当作同一个星球。既然二者之间没有任何差别可作为选择的依据，二者所处位置又是完全相反的方向，布里丹没有理由做出任何选择和操作，只能任凭飞船停在太空中一动不动。

于是宇航员问布里丹为什么飞船一直静止不动，得到上述回答以后含泪恳求道：“布里丹，随便选一个就行啊。”

布里丹回答：“这让我怎么选？”

“别管那些了——随便选一个就行，左边、右边都行。”

“我的程序规定任何操作都必须建立在逻辑推理的基础上，我只做符合逻辑的事情。但是现在我没有理由做出任何选择，随便选是不符合逻辑的操作。”

“可我们干坐在这儿而啥都不做也太荒谬了。如果你一动不动的话，我们就会永远困在这里了。”

“话是这么说，但是不管选左还是选右都是不符合逻辑的。”

起始问题：有没有符合逻辑的办法可以解决这个问题呢？

进一步深入思考题：（按主题分类）

逻辑与理由

❖ 什么叫按逻辑行事？

❖ 什么叫逻辑？

❖ 什么叫理由？

❖ 布里丹让飞船停住做得对吗？

❖ 布里丹应该怎样做？

❖ 人类的思维方式和布里丹一样吗？

❖ 人类的思维有逻辑、无逻辑，还是属于非逻辑？（无逻辑和非逻辑之间有什么区别？）

❖ 你希望自己有逻辑还是无逻辑？

❖ 有逻辑到底有多重要？

自由与思想

❖ 布里丹只能按照逻辑行事，布里丹是自由的吗？

❖ 如果你只能按逻辑行事，那你是自由的吗？

❖ 你什么时候是自由的呢？

❖ 我们自由吗？

❖ 什么叫自由？

同一性与物理

❖ 两个东西有可能是一模一样的吗？

❖ “一模一样”是什么意思？

❖ 一个东西有可能同时出现在两个不同的地方吗？

❖ 双胞胎真的一模一样吗？

❖ “1 + 1”和“2”一样吗？

❖ 你和你是一模一样的吗？

你来提问

❖

❖

❖

资料来源：“布里丹的驴”是个很有名的故事，说的是一头驴左右两边各有一堆草，距离完全相等，这头驴无法决定到底该去吃哪边的草，结果就饿死了！编这个故事的人是为了打趣法国哲学家让·布里丹（Jean Buridan）的自由意志理论，所以英语原文为 Buridan's Ass，翻译过来即为 “布里丹的屁股”。

哲学关键词：布里丹的驴（Buridan's Ass）、逻辑（Logic）、莱布尼茨（Leibniz）及其“不可分辨的同一性法则”、同一性（Identity）、不可分辨的同一性（Identity of Indiscernibles）

菲利与索菲吃冰激淋

菲利普·科威尔（Philip Cowell）

适合年龄：5 岁及以上

菲利和索菲玩了一整天，终于可以安静地坐在落日的余晖里，一人捧着一碗冰激淋，美美地享受着。菲利用勺子挖起一大块冰激淋送进嘴里，感慨地说："太好吃了！"索菲也挖了一大块冰激淋："太好吃了！我想要吃蓝色的巧克力冰激淋！"

菲利想了一会儿，然后说："我想要冰激淋味道的冰激淋。"

索菲感受到了竞争的压力，默默地吃了一大口美味的冰激淋后说："我想要没有味道的冰激淋！"

起始问题：

1. 蓝色的巧克力冰激淋会是什么味道？
2. 冰激淋口味的冰激淋会是什么味道？
3. 有可能存在没有味道的冰激淋吗？（存在没有味道的食物或饮料吗？）

这下轮到菲利沉思了。他静静地想了一会儿说："我真想知道有没有什么东西是没有味道、没有颜色、没有气味、没有声音、也感觉不到的。"

于是两个孩子一起陷入沉思，一边想着菲利刚才提出的问题，一边吸溜吸溜吃光了自己碗里的冰激淋。

起始问题 4：你能想得出有什么东西是没有味道、没有颜色、没有气味、没有声音、也感觉不到吗？（不限食物）

（先回答起始问题 4 再去看下面的提示。）

以下这些东西符合要求吗：

1. 水？

2. 空气？

3. 词汇？

4. 情感（如爱、愤怒等）？

5. 思想？

6. 无（“虚无”、“不存在”）？问题：什么都没有是什么东西吗？你还能想出别的什么来吗？

进一步深入思考题：

❖ 某个东西为什么会有这种东西的味道？

❖ 冰激淋有颜色吗？

❖ 你能要一种没有颜色的冰激淋吗？

❖ 你能要一种没有颜色、没有味道、没有声音、也感觉不到的冰激淋吗？

❖ 假如你是菲利，觉得索菲的冰激淋很有“哲学意义”，于是也想要一个这样的冰激淋，那么你会要哪种“具有哲学意义的”冰激淋呢？

你来提问

❖

❖

❖

哲学关键词：关于颜色和味道的哲学、感受性（Qualia）、思考的本质、悖论（Paradoxes）

来认识一下铅笔人[1]

彼得·沃利（Peter Worley）

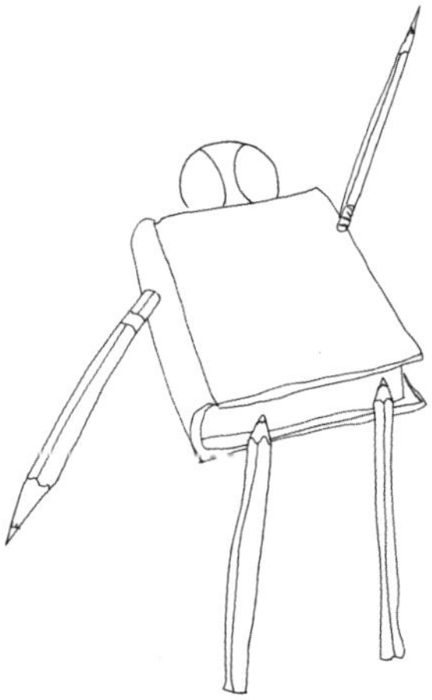

适合年龄：7 岁及以上

道具：四根铅笔（或八根铅笔）、一个球和一本书（或者能够当作“头”和“身体”的其他物品），不过必须有铅笔，否则就不能叫“铅笔人”了。

组装指导：准备四根铅笔（或八根铅笔）、一个球、一本书。将书正面朝上放在地上，将铅笔放在书的四个角上当作胳膊和腿，然后把球放在最上面当头。

（如果是年龄较小的孩子，可以在组装铅笔人之前、期间，或之后朗读或背诵诗歌“铅笔人”）。

《7 岁开始的哲学思维启蒙》：铅笔人

我是一个铅笔人：
胳膊是铅笔，

---

1 铅笔人的哲学探险：本书章节的内容相互融合，很多观点都有重叠。举例来说，如果“来认识一下铅笔人”这一章节中的讨论重点变成探讨类别与个体之间的区别，那就可以参看“铅笔人与铅笔人面对面”这个章节里的内容。

腿也是铅笔；
圆圆的小球当脑袋，
方方的盒子做身体。

让我来问你一个问题，
包你咬笔头沉思不已：
虽然我全身都是有用的东西，
但我到底是“一个”还是“很多”个？
到底有多少东西组成了我自己？

起始问题：（指着地上拼出来的铅笔人）这里有多少样东西？

进一步深入思考题：

❖ 铅笔人是一个东西吗？

❖ 铅笔人是好多个东西吗？如果是的话，有几个呢？

❖ 铅笔人是人吗？

❖ 对于上面这个起始问题你能想出多少种不同的答案？

❖ 有没有什么东西既是“一个”，也是“好多个”的？

❖ 什么是一个“东西”？

❖ 什么是一件“物体”？

❖ 各个组成部分需要相互关联才能成为“一个东西”吗？

❖ 这是否取决于我们如何看待它？

❖ 关于有多少东西会有人弄错吗？

❖ 哲学家亚里士多德说：“整体与各组成部分的总和并不一样。”你认为这话是什么意思？

你来提问

❖

❖

❖

资料来源及哲学关键词：分体论（Mereology）、亚里士多德（Aristotle）与“整体大于部分”问题（One-over-Many）

消失的铅笔人

彼得·沃利（Peter Worley）

适合年龄：9 岁及以上

给老师的建议：上课的时候不一定要读故事，可以像故事中的魔术师一样表演给孩子们看。

魔术师说他要把铅笔人变没有："不是消失不见哦，而是让铅笔人不复存在！"观众们发出一阵赞叹的惊呼。

此时房间里响起密集的鼓点声，灯光变暗，所有观众都非常兴奋和期待。只见魔术师突然将铅笔人装在一个布袋里，在众目睽睽之下将袋子拿出去放在房间外面的地板上。然后他走回房间，关上房门，摊开双手给观众看："哒哒！铅笔人不复存在了！"

观众震惊之余一片沉默，然后有人小心翼翼地发问："可你刚才把铅笔人放在袋子里拿到屋外去了。"

面对失望的观众，魔术师回答："是啊，那又怎样？"

有人不满地回答："那就是说铅笔人还在啊，只是不在这个房间里了。"

魔术师看上去有点生气，转身面对抗议者愤怒地说："那你来告诉我好了，你有什么办法让铅笔人不存在呢？"

起始问题 1：怎样才能让铅笔人不存在呢？

进一步深入思考题：

❖ 将做成铅笔人的铅笔、书、球一把火烧掉或用炸弹炸掉是不是就能让铅笔人不存在了呢？

❖ 让某个物体不复存在，这件事有可能做得到吗？

❖ 某个物体是否可以存在于我们的记忆中？

❖ 如果某物曾经存在过，这是否意味着不管后来发生什么它都永远存在？

❖ 如果某物尚未存在呢？那它算是不存在吗？

❖ 你能让尚未存在的东西存在吗？如果能的话是什么呢？

你来我往地争论了一会儿铅笔人是否仍然存在这个问题以后，魔术师有了个好主意。他飞奔出房间把刚才放出去的袋子拿了回来，然后拿出里面的铅笔、书、球，走到人群中将铅笔交给不同的人放进铅笔盒里，将书放回书架，和其他很多书放在一起，将球放进盒子里，和其他很多球放在一起。

他宣布："这下好了！现在铅笔人铁定不存在了！"

起始问题 2：魔术师真的把铅笔人变没了吗？铅笔人真的不存在了吗？

进一步深入思考题：

❖ 某物的各个组成部分必须如何放置该物体才会存在？

❖ 如果各组成部分均存在的话，这是否意味着这些部分所组成的那个物体也仍然存在呢？

❖ "存在"是什么意思？

❖ 这个人是魔术师吗？

❖ 折一架纸飞机，扔出去让它在房间里飞，然后将它拆开铺平变回一张纸，刚才那架纸飞机还存在吗？你来试一下。

你来提问

❖

❖

❖

资料来源：伊本·路世德（Ibn Rushd，西方常称之为阿威洛伊 Averroes）与必然性（Necessity）和偶然存在（Contingent Existence），灵感来自其证明存在上帝的“证据”

哲学关键词：本体论（Ontology）、存在论（Existence）、关于物体（Thing）的概念

铅笔人与铅笔人面对面

罗杰·萨克利夫（Roger Sutcliffe）

适合年龄：5 岁及以上

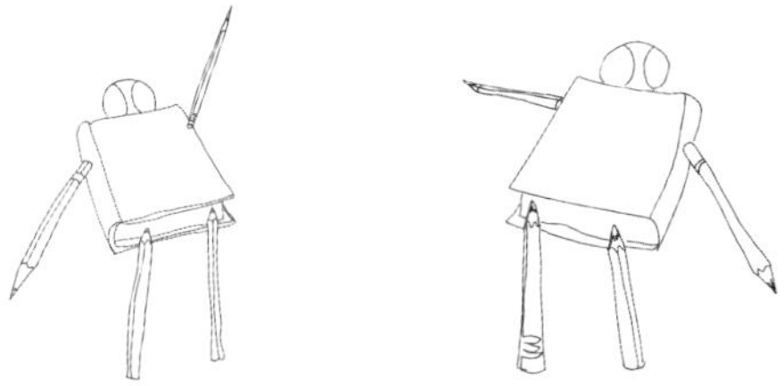

参照“来认识一下铅笔人”章节中的指引拼出两个一模一样的铅笔人。

起始问题：他们是一样的还是不一样的？

进一步深入思考题：

❖ 他们属于同一类吗？

❖ 他们可能会有哪些地方不同？

❖ 如果他们有这么多地方都不一样，那为什么会说他们属于同一类呢？

❖ 留心观察一下你的周围，看看是不是有两个东西属于不同种类但至少有一个相同之处？

❖ 不同的东西真的有可能在某些地方一样吗？为什么？

❖ 是什么让某些东西“相同”？

❖ “相同”到底是什么意思？“不同”到底是什么意思？

你来提问

❖

❖

❖

哲学关键词：同一性（Identity）、种类与个体（Type and Token Identity）、普遍与特殊（Universals and Particulars）、柏拉图与理型论（Plato and Forms）

形而上学：时间

生日惊喜！

彼得·沃利（Peter Worley）

适合年龄：7岁及以上

我能倒着向后，
也能正着朝前走，
能向左也能向右。

但在时间长河里，
我可以前后左右，
随意移动穿梭么？

真希望回到过去，
因为这样我就能，
给妈妈一个惊喜

先大叫一声“你好！”

然后从妈妈肚子里，
跳出来吓她一跳，
给她一个大大的惊喜！

作者：你
（欲知详情可参见后面“你自己写的诗？”这一章节）

起始问题：如果有时光机的话，你有可能回到出生前的时候吗？

进一步深入思考题：

❖ 我们能够在空间内自由穿行，你认为我们也能在时间里前后左右穿行吗？

❖ 如果能够在时间里任意穿行，那会是什么样子呢？你觉得这可能吗？

❖ 如果你穿越时间回到出生前的世界，这是否会导致矛盾（即“你尚未出生”这一事实既是对的也是错的）？

❖ 人类造出时光机这个梦想，总有一天会成真还是永远都不可能实现？

❖ 如果有时光机，你有可能见到过去或未来的自己吗？

❖ 如果能穿越到过去见到小时候的你，你会对自己说什么？你对那时的自己有什么建议？

你来提问

❖

❖

❖

资料来源及哲学关键词：关于时间旅行的哲学、戴维·路易斯（David Lewis）的论文“时间旅行的悖论”（The Paradoxes of Time Travel）

一场关于过去、现在、未来的辩论

彼得·凯夫（Peter Cave）

适合年龄：10 岁及以上，高级

起始问题 1：阅读以下故事前请先思考一个问题，过去和未来存在吗？

萨曼莎说："过去是不存在的，过去就是已经过去了，就不复存在了。关于过去我们有的只是记忆而已。"

斯坦利说："未来是不存在的，未来就是还没有来，就是尚未存在。你只能猜测未来会发生什么。"

苏说："好吧，至少现在是存在的，因为我就活在当下，这个应该没什么问题。"

"等一下！"萨曼莎和斯坦利异口同声地喊了起来。"从时间上来说，现在是多久？如果现在有一个时间长度的话，不管是一个小时、一分钟，还是一秒钟，那么其中一部分肯定是在过去或者将来。所以说，现在到底有多久呢？"

起始问题 2：现在有多久？

进一步深入思考题：

❖ 什么是现在？

❖ 现在在哪里？

❖ 现在是不断变化的还是静止不动的？

苏感受到了时间带来的压力，觉得自己快要被时间给压扁了，最后她终于回答：“好吧，现在就是一瞬间，是划分过去和未来的界线。”

“啊哈！”萨曼莎和斯坦利再次异口同声地喊了起来。“既然未来不存在，过去也不存在，那么两个不存在的东西之间怎么可能存在什么东西呢？如果过去和未来根本就不存在，那它们之间怎么可能存在一条分界线呢？”

这个观点把苏压得更扁，她最后直接就化为乌有了。

再回到起始问题 1：过去和未来存在吗？现在存在吗？

进一步深入思考题：

❖ 过去、现在、未来为什么不存在？你能说出哪些理由？

❖ 存在过去但是不存在未来，这样说对吗？

❖ 现在可以持续多久？

❖ 如果过去不存在，那你怎么会有关于过去的记忆呢？

❖ 时间到底什么样子？它是如何移动的？它的形状是怎样的？它能做什么？

你来提问

❖

❖

❖

哲学关键词：关于时间的哲学、圣奥古斯丁（St Augustine）与现在论（Presentism）、麦克塔格特（McTaggart）与静态时间和动态时间（Static and Dynamic Time）

空空荡荡

彼得·沃利（Peter Worley）

适合年龄：7岁及以上

发挥你的想象力，想象一片虚空。在这里什么都没有，只有……空空荡荡！

起始问题1：在这片虚空中有时间吗？

进一步深入思考题：

❖ 如果在这片虚空中没有发生任何事情，那么这里有时间吗？

❖ 如果在这片虚空中没有什么发生变化，那么这里有时间吗？

❖ 什么叫时间？

❖ 什么叫变化？

❖ 时间和变化有什么不同吗？

❖ 哲学家亚里士多德认为“时间是衡量变化的计量单位”，你认同这个观点吗？如果在一个虚无的空间里没有发生任何变化，那么亚里士多德会认为这里有时间吗？

起始问题2：在这片虚空中有空间吗？

进一步深入思考题：

❖ 如果空间中空无一物，那么空间是否存在？

❖ 什么叫空间？

❖ 如果没有空间，这个世界会变成什么样子？

❖ 科学家牛顿（Isaac Newton）认为虚无中存在着空间，因为如果你想往这片“虚无”里放点什么东西，那就需要有空间才能做得到。哲学家莱布尼茨（Gottfried Leibniz）则认为虚无中不存在任何空间，因为必须先有物体，然后物体与物体之间的空间才能称之为空间。你认同谁的观点？为什么？

❖ 哲学家康德（Immanuel Kant）认为只有当人思考时空概念的时候时间与空间才会存在。你认同这个观点吗？

你来提问

❖

❖

❖

资料来源及哲学关键词：亚里士多德（Aristotle）关于时间的观点、牛顿及“绝对空间”（Newton and Absolute Space）、莱布尼茨与“关系空间”（Leibniz and Relational Space）、康德与“先验空间和时间”（Kant and a priori space and time）、舒美克（Sydney Shoemaker）与“没有变化的时间”（Time Without Change）。

超人宝贝显神通！

彼得·沃利（Peter Worley）

适合年龄：7 岁及以上

超人宝贝拥有超人的能力和孩童的头脑。一天，他因为玩电脑游戏输了超级不爽，大发脾气。于是他决定重玩一遍。不过他并没有像常人那样点击“重新开始”按钮，而是决定让时间后退，这样他就能抹掉记录重打一遍，而且这一次只准成功、不许失败！只见他“嗖”的一声飞到喜马拉雅山的顶峰，双手抱山，用超能力扭转了地球的自转方向，让它朝相反的方向旋转，这样时间就能倒流了。

起始问题：改变地球的自转方向能够让时间倒流吗？

进一步深入思考题：

❖ 时间能够移动吗？

❖ 时间的运动是地球运动造成的吗？

❖ 你认为是什么让时间在动呢？

❖ 如果地球突然朝相反的方向运动起来，你觉得会发生什么事情呢？

❖ 超人宝贝具有超能力，但是他的推理能力也同样强大吗？超人宝贝通过推理得出一个结论：如果地球能够倒转，那么时间也就一定会倒流。超人宝贝这么想是超级对还是超级错呢？

你来提问

❖

❖

❖

资料来源：理查德·唐纳（Richard Donner）导演的影片《超人》（Superman，1978 年）

哲学关键词：时间的方向（Direction of Time）

电视望远镜

彼得·沃利（Peter Worley）

适合年龄：11岁及以上

莉莉喜欢看《乍格尼亚人》，这是她最喜欢的一部肥皂剧。随着剧情的展开和跌宕起伏，小姑娘会跟着剧中角色一起哭一起笑。剧情有时沉闷无聊，有时令人振奋，有时会看得人伤心欲绝。

需要特别指出的是，在莉莉生活的那个时代，肥皂剧跟我们现在熟悉的电视剧有很大不同，因为她生活在遥远的未来，科技已经发展到相当高级的程度，所以那个时候的肥皂剧里并没有演员而且也完全不需要演员。如果莉莉想追剧了，只要把功能强大的望远镜对准某个遥远的星球，就能看到那个星球上居民每日的起居生活和喜怒哀乐。他们管这种望远镜叫作“电视望远镜”，孩子们会在学校里学习不同星球的语言，还会研究乍格尼亚星球的文化。虽然这些内容实际上已经大大超越了肥皂剧的范畴，不过至少有一点没有改变，那就是未来的人们仍像我们现在一样痴迷，每天都要追看这些肥皂剧。

《乍格尼亚人》中有个主角名叫努伯，因为家里遭遇了不幸，这个乍格尼亚小男孩非常伤心。莉莉很想安慰这个男孩子，于是跑去问妈妈：“我能跟乍格尼亚星球的人联系吗？他们都是真人，对不对？”

妈妈看着她，脸上带着关切和担忧的神色说：“没错，他们都是真人……在某种意义上可以这么说……”

莉莉不解地追问：“妈妈，那他们到底是不是真人呢？”

“有些事情我一直想要跟你说，可是又不知道该怎么说。”

“跟我说什么？”莉莉继续追问。

于是妈妈开始解释："好吧，是这样的。你知道，看太阳的时候，我们看到的不是此时此刻的太阳，而是八分钟以前的太阳。"

"这么奇怪啊。可是为啥会这样呢？"小姑娘不大明白。

"主要是因为光线的运动速度。光每秒钟可以穿行 299792458 米远的距离，虽然光速很快，但是因为太阳距离我们非常遥远，光从太阳传到地球需要八分钟的时间，所以我们看到的太阳实际上是八分钟以前的样子。"

莉莉沉思了一会儿，然后说："就是说如果我想看到现在的太阳就必须等八分钟才行吗？"

"没错，是这样的"，妈妈说。"所以我们说太阳在八分钟远的地方，因为太阳发出的光线需要八分钟才能传到我们这里。"妈妈说完后想了想又加了一句："莉莉，一定要记住哦，永远都不要直视太阳，阳光太强烈了，会让我们的眼睛瞎掉的！"

莉莉并没有把妈妈的警告当回事，继续追问道："但是这和乍格尼亚人有什么关系呢？"

"当然有关系啊，莉莉，因为乍格尼亚星球距离地球有一千万光年那么远。"

"好吧，让我想想……"莉莉抬头仰望天空若有所思。"那就是说……"

（继续往下读之前先思考一下：你认为这意味着什么？）

……如果太阳的光传到地球需要八分钟的话，这就是八光分，那么一千万光年……"——莉莉的脸色黯淡下来，因为她知道这意味着什么——"就是说光从乍格尼亚星球传到地球需要一千万年，所以说我在电视望远镜里看到的并不是现在发生的事情！"

"是这样的，莉莉"，妈妈很想安慰女儿。

"那就是说我现在看到的事情全都发生在一千万年以前"，莉莉叫了起来。"我追的肥皂剧竟然全都是历史故事！"

“你说得对”，妈妈略感吃惊，她之前从来都没想过这个问题。

这之后几天莉莉一直都很沉默寡言，常常陷入沉思。她很伤心，就好像自己的某个家人去世了一样，虽然故事里的那些乍格尼亚人其实早在千万年以前就已经死去了。但有一天她突然想通了，又重新高兴了起来：就因为有了光速和神奇的电视望远镜，追看肥皂剧已经不再是简单、普通的日常活动了，她无意间拥有了穿越时光隧道的本领！

起始问题：追看《乍格尼亚人》是穿越时光隧道的旅行吗？

进一步深入思考题：

❖ 每次看太阳的时候你都在穿越时光吗？（一定要记住：直视太阳非常危险！）

❖ 有些星球距离地球十分遥远，虽然它们早已不存在，但是我们仍能看到它们发出的光。你看到这些不复存在的古老星球所发出的光亮，是在做时间旅行吗？

❖ 如果这不是时间旅行，那么你是否像莉莉所说的那样看到了历史呢？

❖ 发现自己追看的乍格尼亚人实际上生活在遥远的过去，这让莉莉十分伤心，她这样感觉对吗？

❖ 这会改变她如何观看《乍格尼亚人》吗？

你来提问

❖

❖

❖

资料来源：爱因斯坦（Einstein）的相对论（Theory of Relativity）

哲学关键词：关于时间旅行的哲学

你自己写的诗？

彼得·沃利（Peter Worley）

适合年龄：10岁及以上

有一天，你正和平常一样在自己的房间里看电视。突然，发生了一件非常奇怪的事情。卧室正中间的空气出现了古怪的扭曲和变形，有个人从那里走了出来！原来这是个通往未来的门。而且这还不算是最奇怪的，从里面走出来的那个人竟然是——你自己。

这个你解释说自己来自未来，专程来拜访过去的你。未来的你递给现在的你一张纸，上面写着一首题为“生日惊喜”的短诗。未来的你对现在的你说：“把这首诗抄下来去投稿，诗歌比赛的优胜奖就是你的，长大以后你就会成为著名的诗人……像我一样！”

“可是这首诗是哪里来的呢？”现在的你问未来的你。

“是我从获奖诗歌选那本书里抄来的”，未来的你回答。“未来很多诗歌集里都有你的诗作。”

你不明白，继续追问：“但是这些诗歌集的诗作又是哪里来的呢？”

“当然是你写的了！”未来的你解释道。“这本来就是你的诗歌作品嘛。我是说，如果你报名参加比赛的话，这就是你的。不好意思啊，时间入口马上就要关闭了，我得赶紧走了！”

未来的你走进那个门——好吧，走进时间入口——然后空气不再抖动，重新静止下来，只留下目瞪口呆的你完全不清楚刚才发生了什么。最后，你遵从……你的指令，坐在书桌前，拿出一张纸，把那首诗抄写下来：

生日惊喜
我能倒着向后走
也能正着朝前走
能向左也能向右。

但在时间长河里
我可以前后左右
随意移动穿梭么?

真希望回到过去
因为这样我就能
给妈妈一个惊喜

先大叫一声你好
然后从妈妈肚子里
跳出来吓她一跳
给她一个大大的惊喜!

起始问题:最初到底是谁创作了“生日惊喜”这首诗?

进一步深入思考题:

❖ 有人创作了这首诗吗?

❖ 这首诗可能没有出处吗?

❖ 这个故事是否会导致悖论(不可能出现的情况)?还是你认为能说得通?

❖ 这个故事是否可以证明时间旅行是不可能的事情?

❖ 如果时间旅行是可能的,那么这个故事怎么解释才能说得通呢?

❖ 如果你赢了比赛，这算不算是作弊呢？

❖ 赢得诗歌创作比赛的到底是谁？

你来提问

❖

❖

❖

资料来源：安东尼·伯吉斯（Anthony Burgess）的短篇小说“缪斯”（The Muse）

哲学关键词：关于时间旅行的哲学、戴维·路易斯（David Lewis）的论文“时间旅行的悖论”（The Paradoxes of Time Travel）

时间冻结机

彼得・沃利（Peter Worley）

适合年龄：7岁及以上，高级

提摩西・坦伯教授制造出一部时间冻结机，带到学校展示给学生们看。他对孩子们说这部机器可以把时间冻住，然后请孩子们给他一个时间段，他好输入机器。第一个举手的孩子问他："五分钟可以吗？"

教授笑了："有没有人更大胆一点儿？"

一只小手举了起来，只听一个孩子怯生生地说："一个小时。"

更多小手举到了空中。

"一天。"

"一个星期。"

"一年。"

"十年！"

"一百年！"

"一百万年！"

教授终于满意地点头说："好吧，那就让我们把时间冻住一百万年吧。"

这时有些孩子看上去有点儿担心。只见教授把数据输入时间冻结机，然后解释道："我按下机器上的这个红色按钮以后，时间就会被冻住一百万年。"

有些孩子紧紧握住了身边同学的手。教授俯身向前，按下了那个红色的按钮……

起始问题1：你认为接下来会发生什么？

进一步深入思考题：

❖ 如果把时间冻住一百万年，孩子们怎么知道时间真的被冻住了一百万年？

❖ 他们会知道吗？

❖ 到时会有什么不同吗？

❖ 孩子们会长大变老吗？

坦伯教授把手指从按钮上拿开，抬起头笑着问孩子们："怎么样，你们感觉怎么样？"孩子们脸上写满了困惑，没有人说话，教室里安静得能听到墙上挂钟的嘀嗒声。有个小姑娘勇敢地举起了自己的小手："可是教授，什么都没有发生啊……所有东西全都一模一样，时间也没有被冻住，它一直都在动啊。"

"不对，时间没在动"，教授回答。"时间静止不动了整整一百万年。"

小姑娘沮丧地大声道："可是我感觉不到有什么区别啊。"

坦伯教授笑了："是啊，你怎么能感觉得到区别呢？"

起始问题2：如果时间停止了，你怎么能感觉到区别呢？

进一步深入思考题：

❖ 我们是如何知道时间一直都没有停止过的？

❖ 如果一切都没有变化，你还能思考吗？

❖ 什么是时间？

❖ 教室以外的世界会发生什么？

❖ 时间冻结机这一概念有道理吗？

你来提问

❖

❖

❖

资料来源：马丁·科恩（Martin Cohen）著《101个哲学问题》（101 Philosophy Problems）。感谢罗伯·托林顿（Rob Torrington）提供本章节第二部分内容

哲学关键词：关于时间的哲学、舒美克（Sydney Shoemaker）与“没有变化的时间”（Time Without Change）

拉长时间

彼得·沃利（Peter Worley）

适合年龄：5 岁及以上

迪米万分期待明天的到来，因为明天是他的生日。但是这个星期的每一天似乎都很漫长，距离生日那天越近，日子好像就被拉得越长。于是他想：这是怎么回事呢？为什么有些日子显得特别漫长、而有些日子却显得特别短暂呢？

起始问题 1：时间真的会有时走得慢有时走得快吗？

进一步深入思考题：

❖ 时间走得有多快？

❖ 时间会改变速度吗？

❖ 想象有两个孩子一起玩。其中一个乐在其中、非常开心，对她来说一个小时的时间好像只有十分钟那么短；但是另外一个孩子却觉得很无聊，同样是一个小时，对他来说却像两个小时那样漫长！对这两个孩子来说，时间流逝的速度不一样吗？

生日的前一天晚上，迪米躺在床上对自己说：我等不及明天了！真希望能有时光机，这样就能快点到我的生日了。然后他突然意识到自己的确有部时光机，那就是赶紧睡着，然后一觉醒来睁开眼就是盼望已久的生日了，而且睡上一大觉感觉也就只有五分钟的样子！……所以，现在要做的事情就是赶紧睡着！

起始问题 2：如果迪米最后终于睡着了，他一觉醒来真的能像坐着时光机一样穿越到明天了吗？

进一步深入思考题：

❖ 睡眠是一种时光机吗？为什么？

❖ 什么是时光机？

❖ 如果真的存在时光机的话，它会是什么样子的？

❖ 你认为迪米能睡得着吗？

❖ 时间在我们的大脑里还是在大脑外面？

你来提问

❖

❖

❖

资料来源：本节内容的灵感来自 8 岁的洛卡斯（Rokas），他想知道对玩得开心的人和觉得无聊的人来说时间流逝的速度是否有所不同。

哲学关键词：时间的现象学（Phenomenology of Time）

不存在的英雄

彼得·沃利（Peter Worley）

适合年龄：11岁及以上，高级

赫伯特是拯救了全人类的英雄，但是这里有个小问题：赫伯特并不存在，以下就是他的故事。

赫伯特的祖父是个大坏蛋，他曾经伤害过很多人，所以赫伯特非常恨自己的祖父。赫伯特的祖父很有钱，而且在八十岁去世的时候把所有钱都留给了赫伯特。于是赫伯特用继承到的这一大笔钱发明了人类历史上的第一部时光机。机器制造出来以后，赫伯特乘坐时光机回到过去，当时他的祖父还很年轻，还没做过什么坏事。当然，赫伯特知道祖父以后一定会做很多很多的坏事。

于是赫伯特藏在祖父家对面的公园里，准备好来复枪，静静地等候时机。终于，祖父走出了家门，赫伯特端起来复枪瞄准了他。即将扣动扳机的那一瞬间，赫伯特突然意识到这样做对自己意味着什么，意识到自己即将面临怎样的人生悲剧。但他对自己说：与全人类的命运相比，自己的命运不算什么，这种自我牺牲是有价值的。

于是，他扣动了扳机。

就这样，赫伯特这个人不复存在了。

起始问题：你能解释为什么赫伯特不复存在了吗？

进一步深入思考题：

❖ 这个故事说得通吗？这个故事里提到的情节在现实中真的会

发生吗？

❖ 有些人认为这个故事证明了时间旅行是不可能的事情，你认同他们的观点吗？

❖ 为什么说赫伯特所面临的是人生悲剧？

❖ 用自己不复存在的代价铲除恶人，这样做值得吗？

❖ 这个故事是“时间悖论”的一个例子，你能说出其中的悖论是什么吗？

❖ 什么叫悖论？

你来提问

❖

❖

❖

资料来源：戴维·路易斯（David Lewis）的论文“时间旅行的悖论”（The Paradoxes of Time Travel）

哲学关键词：关于时间旅行的哲学、时间旅行悖论

超大规模时间实验

彼得·沃利（Peter Worley）

适合年龄：7岁及以上

世界各国政府达成了一项合作协议，决定做一个超大规模的时间实验，这也是人类有史以来最大规模的实验项目。根据约定，全世界所有的钟表都会在2112年12月12日中午12点整的时候一起停下来。提摩西·坦伯教授是负责该项实验的首席科学家，他认为这样做可以让时间停止。

起始问题1：教授的想法对吗？全世界所有的钟表都停止以后时间就会停止吗？

坦伯教授主持的这项大型实验还有一个内容，那就是将所有钟表停止以后同时往后拨一个小时。他表示，这样一来整个世界以及生活在这个世界里的每一个人都将回到一个小时以前。

起始问题2：教授的想法对吗？将所有时钟往回拨一个小时就意味着所有人都回到一个小时以前吗？

进一步深入思考题：

❖ 时钟是人类发明的，时间也是由人类发明的吗？

❖ 是时钟在让时间向前推移吗？如果不是的话，那到底是什么让时间向前流动呢？

❖ 在人类发明时钟以前，时间是什么样的？

❖ 在时钟发明之前，人们对时间的感觉有什么不同吗？

❖ 如果没有时钟，你怎么知道现在是什么时候了呢？

❖ 什么是时间？

❖ 我们是否真的需要将这一实验付诸实施才能知道坦伯教授究竟是对还是错呢？我们是不是可以通过思考知道实验的结果呢？

你来提问

❖

❖

❖

资料来源：本思考题源自很多小学生关于跨越不同时区的讨论。

哲学关键词：时间的属性、时间与时间的衡量（或“钟表时间”）之间的区别

昨天那个小姑娘

戴维·伯奇（David Birch）

适合年龄：7岁及以上

对杰西卡来说，那是她人生中最美好的一天。那是杰西卡的生日，她和几个好朋友去了海边的一个小村庄。那天阳光很好，世界到处都是缤纷的色彩。

他们去马厩租了几匹马，骑着马在海滩上奔驰了几个小时，笑着喊着，非常兴奋。他们还驱马涉过浅水区，溅起的浪花打在身上让他们更加兴奋。就这样，他们一直玩到精疲力尽。

后来，杰西卡和她的朋友们走进小村庄，看到一家糖果店，整条街道都弥漫着让人垂涎欲滴、心跳加快的甜美气味。孩子们飞奔进去，发现柜台后面有个老人正在秤柠檬果子露。

杰西卡骄傲地宣布："您知道吗，先生，今天是我生日哦！"

"是吗？"

杰西卡和朋友们全都使劲儿点头。

于是老人对他们说："既然是这样的话，这里的糖你们可以随便吃，想吃多少就吃多少。"

孩子们不约而同地吸了一口气："不要钱吗？"

老人干脆利索地回答："不要钱。"

那是她人生中最美好的一天，杰西卡真心不希望这一天结束。在回家的火车上，她想尽一切办法不让自己睡着，想让这一天长一点儿，再长一点儿。但最后还是睡意赢了，她很快就沉沉睡去。

杰西卡醒来的时候外面正在下雨，妈妈催她赶紧穿衣服准备上学了。杰西卡心中非常震惊："昨天呢？昨天去哪儿了？"她完全记不起来，只记得自己前一分钟还坐在洒满阳光的火车上，下一分钟就在这里了——下雨、上学。

于是她对妈妈说："我想要昨天。"

妈妈回答："别想什么昨天了，你应该想的是今天。"

杰西卡哭了起来："那昨天去哪儿了？我想要昨天。"

"昨天不是在那儿吗？"妈妈指着一张照片说。照片上是杰西卡和她的朋友们，是他们昨天刚拍的。

"那不是昨天，那是昨天的照片，那不是真的。"

起始问题1：昨天去哪儿了？

进一步深入思考题：

❖ 昨天去了哪里？

❖ 过去在哪里？

❖ 过去存在吗？

杰西卡还在为昨天伤心难过，于是自己去了火车站乘上一列火车。她要出发去寻找昨天。

她先去了和朋友们骑马飞驰过的海滩。昨天不在那里。沙滩上还能依稀看得到马蹄印，但印记已经变得很浅很浅，有些几乎无法辨认了。昨天还是蔚蓝色的大海今天却变成了灰色。

她走进村庄，找到那间糖果店。

杰西卡刚走进店门就听到老人开心地说："你是昨天的那个小姑娘！"

杰西卡伤心地回答："不是的，我是今天的小姑娘。"

老人问她："干嘛脸拉这么长？又长大了一岁，这可是你生日后的第一天啊。"

“妈妈也这么跟我说，她说我不应该老是想着昨天。”

“你妈妈说得对，你前面的路还很长呢。”

杰西卡叹了口气说：“可是我不想只往前走，有时候我也想往回走走啊。”她突然想到眼前这位老人或许知道问题的答案，于是满怀希望地问他：“那么昨天到底去哪儿了呢？”

老人沉默片刻，然后泄气地回答：“唉，这个问题我自己也想过啊。”

“那您知道答案吗。”

“有时候我觉得时间一去不复返了，有时候我也不敢肯定。”

一去不复返。这几个字刺痛了杰西卡的心。

杰西卡告别老人走出了糖果店。在回家的火车上，她对自己说一定要继续寻找昨天。

火车沿着铁轨轰隆隆地前行，杰西卡觉得身体越来越沉，感觉到睡意慢慢袭来。她闭上了眼睛，做了一个梦。在梦里，她听到海浪的声音，看到一片无边无际的海滩。阳光很好，头发上像是镀了一层金闪闪的光。她梦见了马蹄声响，梦见了海上升明月。但所有这一切，其实只不过是一场梦。

起始问题 2：杰西卡能找到昨天吗？昨天真的一去不复返了吗？

进一步深入思考题：

- 过去在我们身体里吗？
- 我们应该忘记过去只想现在吗？
- 过去真的一去不复返了吗？
- 什么叫过去？
- 什么叫记忆？
- 我们看照片的时候是在看过去吗？

你来提问

❖

❖

❖

哲学关键词：关于过去的本体论（Ontology of Past）、时间的性质（Nature of Time）

蝴蝶效应

彼得·沃利（Peter Worley）

适合年龄：10岁及以上，高级

现在是2214年，时光旅行公司新推出了一项人们梦寐以求的假日旅游活动：时光穿梭旅游。顾客可以乘坐公司拥有发明专利的时光机前往过去的任何时候。这项服务虽然所费不菲，但仍然顾客盈门，人们一掷千金抢着体验这种激动人心的独特经历。为了避免改变过去可能带来的种种问题，公司专门开辟了一条特殊通道，让游客只能从空中观察过去的世界，但是无法触碰、改变过去的任何东西。此外，游客全都是隐身的，所以过去的人看不到他们。这样一来，游客们只能近距离地观察历史，不能做任何别的事情。但是有一天，有个时光旅行团参观四五千万年以前始新世的时候，一位游客无视禁令离开了规定的道路，结果不小心踩死了一只蝴蝶。

起始问题：踩死一只蝴蝶会影响未来吗？如果会的话你认为有可能产生哪些影响呢？

进一步深入思考题：

❖ 踩死蝴蝶是个非常微不足道的小变化，这真的会对未来产生什么影响吗？

❖ 过去一个小小的变化会对将来产生重大的影响吗？

❖ 当时光游客回到自己的时空，那里会发生什么变化吗？

❖ 时间长河中的事物是如何相互联系的？

❖ 世上万物都是相互联系的吗?

❖ 地质学家在始新世的化石中发现了地球上最早的蝴蝶。如果那位违规的时间游客因为踩死一只蝴蝶而导致某个特定种类的蝴蝶灭绝，这会产生什么样的影响?

❖ 时光旅行是否会因为这些原因而变得困难重重?

你来提问

❖

❖

❖

资料来源：美国科幻小说家雷·布拉德伯里（Ray Bradbury）的短篇小说“雷声”（A Sound of Thunder）

哲学关键词：复杂性（Complexity）、因果关系（Causation）、混沌理论（Chaos Theory）、偶然性（Contingency）

形而上学：自 由

身体的主人

彼得·沃利（Peter Worley）

适合年龄：9 岁及以上，高级

（阅读或聆听故事前请先思考一个问题：你能猜得出玛丽安的身份是什么吗？）

玛丽安睡醒觉从盒子里爬了出来。她从事表演工作，非常喜欢在舞台上表演，喜欢带给人们欢乐。她是一名戏剧演员，观众的笑声就是对她最大的褒奖。

玛丽安在舞台上的搭档是一个名叫碧芭的手偶。她总是忍不住会为碧芭感到难过，因为她觉得碧芭做不了自己的主，只有当别人把手伸进她空荡荡身体里的时候才能活过来，而且也只能做那只手要她做的那些动作。碧芭自己也不大开心，因为她必须去做那些自己不想做的动作。有一次她对玛丽安说自己是一名“真正的演员”，应该在舞台上表演莎士比亚的戏剧，可是现在却每天晚上都得在舞台上表演愚蠢的杂耍喜剧。她抗议道：“这根本就不符合我的身份！”

虽然玛丽安热爱喜剧表演，但仍然为碧芭感到难过，因为碧芭不能自己做主，不能做自己真正想做的事情。但是听了她的这番话以后，碧芭却眼冒怒火，生气地瞪着她。（实际上，碧芭那张木偶脸一直都挂着愤怒的表情，不过这一次她的表情和内心的感受倒是非常吻合！）

只听她厉声质问玛丽安："你觉得自己不是这样吗？"

当然不是这样啊，玛丽安心想。她和碧芭毫无相同之处，因为她的一举一动可不会受别人的控制。当然，这些话她并没有真的说出口，因为觉得说出来也有点太不顾碧芭的感受了。

但碧芭仍然不依不饶地继续追问："你觉得自己能选择做什么不做什么吗？"

这一次玛丽安觉得是时候为自己说点什么了："当然，我喜欢这份工作，就算有别的选择，我还是会选择现在的这份工作。"

碧芭问她："你真的觉得自己有别的选择吗？"

玛丽安斩钉截铁地说："当然了！我没有选择别的工作就是因为我热爱现在的工作。"她顿了一下，然后说："我的一举一动可不是由别人的手来控制的！"话刚一说出口她就后悔了。

虽然碧芭的木偶脸无法改变表情，但她看上去似乎更加愤怒了："好吧，就算不是别人的手在控制你的一举一动，你真应该睁大眼睛好好看清自己周围都有什么！"碧芭显然非常沮丧，说完这句话就陷入沉默。玛丽安百思不得其解，碧芭这话到底是什么意思呢？

起始问题1：玛丽安可以自己做决定和做出自己的选择吗？

进一步深入思考题：

❖ 玛丽安是什么？

❖ 如果她不喜欢自己现在这份工作，她能够选择去做别的事情吗？

❖ 在这场争执中你站在碧芭这边还是站在玛丽安这边？

❖ 玛丽安认为自己有选择，这能证明她真的有选择吗？

❖ 什么叫选择？

❖ 碧芭说“你真应该睁大眼睛好好看清自己周围都有什么！”你认为这句话是什么意思？

（继续阅读或聆听故事前请先思考一个问题：你觉得玛丽安睁大眼睛以后会看清什么？）

那天晚上，演出照常开始了。这个节目玛丽安已经表演过成百上千次，早就烂熟于心了。在表演的过程中，她想起了碧芭的那句话：你真应该睁大眼睛好好看清自己周围都有什么！她从眼角瞥见旁边不时有亮光在闪烁。她想起来了，这一闪一闪的亮光好像一直都在那儿，只不过她之前从未往心里去。那么，这个亮光到底是什么呢？

又闪了一下！就像灯光照在蜘蛛网上发出的光亮一样。又闪了一下！好像靠近她头顶的什么地方有一根线。接着，她看到了很多很多条线，她身边到处都是线。这些线到底是干什么用的呢？只见它们从上面一个什么地方一直垂下来，连在……她的腿上、胳膊上、手上！突然，玛丽安感到一阵恐惧袭上心头，这些肉眼几乎看不见的细线全都指向一个结论：说到底，她和碧芭并没有什么两样。

指挥碧芭一举一动的那只手谁都能一眼就看得到，但是控制玛丽安一举一动的这些线却很难被人发现。玛丽安望着这些线，简直无法相信自己之前怎么会那么长时间都对它们视而不见。现在，这些控制着她胳膊和腿的细线在她眼里变得有碗口那么粗，老是碍手碍脚的，她的手脚再也不能像之前那样自如地活动了。

起始问题 2：玛丽安是什么？她发现了什么？

进一步深入思考题：

❖ 我们与玛丽安和碧芭之间有什么相似之处？

❖ 指挥碧芭行动的是手，控制玛丽安的是线，那么指挥和控制我们的都有些什么呢？

❖ 除了自己做决定之外，还有什么别的因素也会影响我们所做的决定吗？

❖ 我们与碧芭和玛丽安一样（有没有可以控制我们的力量），还是和她们不同？

❖ 我们能自由选择所做的事情吗？我们能自由做出自己的决定吗？

资料来源及哲学关键词：决定论与自由意志（Determinism and Free Will）、叔本华（Schopenhauer）的自由意志理论（Freedom of Will）

囚　犯

乔治娜·多纳蒂（Georgina Donati）

适合年龄：7 岁及以上

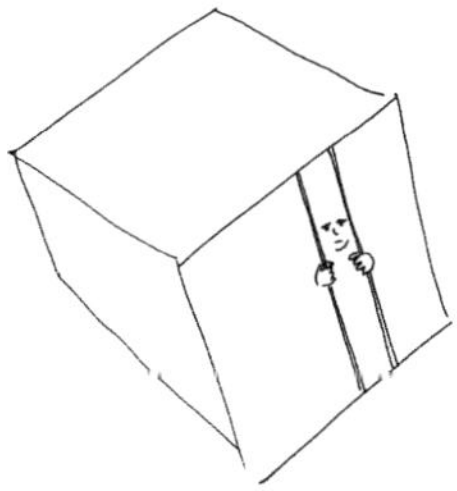

起始问题：图中这个人自由吗？

进一步深入思考题：

❖ 是什么让他们自由或不自由？

❖ 自由是什么意思？

❖ 什么叫自由？

❖ 你能更加自由或更加不自由吗？

❖ 被关在监狱里的人有可能是自由的吗？

❖ 没被关进监狱的人自由吗？

❖ 如果有人自己选择进监狱，那这个人是自由的吗？

❖ 自由有不同种类吗？如果有的话是什么呢？

❖ 你有可能会认为画中那个人又不是真人。那么，如果他们不是真人，他们自由吗？

你来提问

❖

❖

❖

哲学关键词：言论自由（Freedom of Speech）、政治自由（Political Freedom）、自由与决定论（Freedom and Determinism）、善意自由与理性（Freedom of Goodness and Reason）

发条世界与狂风世界

戴维·伯奇（David Birch）

适合年龄：7 岁及以上

在这个故事里有两个世界。一个叫发条世界，每天早上人们还在睡梦中的时候，整个世界就被上好了发条，先拧紧再松开，然后由齿轮带动一天的运转，每件事情都按计划进行，不存在任何偶然事件，一切都有条不紊、依次有序。

另一个世界则大不相同，叫作狂风世界。每天早上当人们还在睡梦中的时候，整个世界不是被上紧发条，而是遭受狂风吹袭，整个地球就像是个巨大的雪花玻璃球玩具一样遭受剧烈震荡，然后用一整天的时间让一切尘埃落定。在这个世界里，万事万物都随机发生，无法事先进行预测，一切都是无序的、几乎没有任何规则可言。

发条世界充满理性，狂风世界到处都是意外；发条世界非常整洁，狂风世界则乱成一片。在发条世界里，法律决定一切；在狂风世界里，一切全凭运气。行走在发条世界靠的是知识，生活在狂风世界则只能靠猜测。在狂风世界里，人们每时每刻都在祈祷；在发条世界里，人们知道只要制定深思熟虑的万全计划就能畅行无阻。

发条世界里的一切都整整齐齐；狂风世界里到处都扭结成团。

起始问题：我们所处的这个世界更像故事里的哪一个？

进一步深入思考题：

❖ 更像发条世界还是更像狂风世界？还是两个都像？

❖ 你更愿意住在哪个世界里?

❖ 这两个世界哪一个更 ____:

a. 快乐?

b. 危险?

c. 完美?

d. 添加你的建议

❖ 以下关键词属于哪个世界?

a. 选择

b. 自然灾害，如地震和龙卷风

c. 生日

d. 思想和愿望

e. 时间

f. 冒险

g. 对与错

h. 添加你的建议

你来提问

❖

❖

❖

哲学关键词：关于上帝是否存在的目的论观点、决定论与偶发概率（Determinism and Chance）

一个能工巧匠的秘密

彼得·沃利（Peter Worley）

适合年龄：11 岁及以上，高级

十八世纪的瑞士有个工匠非常擅长制作发条玩具，他的作品精巧灵动，没有人相信这些都是手工制作出来的产品。他做过的最有名的玩具是两个机械娃娃，一个叫艾萨克，一个叫戈特弗里德。这两个娃娃上紧发条之后会一起跳舞，舞步优雅，令人叹为观止，无不赞叹一个人怎么能仅凭自己的一双巧手就能制作出如此复杂精美的机械装置。这两件发条玩具的构造十分精细复杂，据说艾萨克和戈特弗里德的舞步永远都不会重复，尽管差别十分细微，但他们的舞步每次都和前一次有所不同。

有位顾客曾经满怀敬佩地问他："请问您创造这些奇迹的灵感来自哪里？"

工匠他笑着回答："很简单啊，我身边每天都有很多人上班、下班、去教堂、与人交谈，每个人都会有自己的小动作，只要细心观察就行。虽然没什么太大的区别，但每次总是有那么一点点儿不一样。"

顾客不解地追问道："但是人跟发条玩具不一样，我们不是机械产品，所以我们可以选择做什么，也可以选择不做什么。"

工匠回答："这个问题我自己也一直在想，用弹簧、线圈、齿轮、钟摆到底能不能做出一个知道自己要什么、会自己做选择的玩具人。"

起始问题 1a：你觉得用弹簧、线圈、齿轮、钟摆能造出一个玩具人吗？

起始问题 1b：如果能的话，这个玩具人能选择自己想做的事情吗？

进一步深入思考题：

❖ 如果我们像那位顾客所说的具有自由意志（独立选择的能力），它的运作机制是怎样的？

❖ 我们拥有自由意志吗？

❖ 什么叫自由意志？

❖ 你认为制作出像工匠说的那种有自由意志的玩具人可能吗？

顾客说：“我觉得这不可能。”

于是工匠反问道：“人和我做出来的这些玩具真的有很大区别吗？刚出生的时候我们就像上紧了发条的玩具一样，终其一生一直都在不停地动来动去，最后发条松了，我们也走到了人生的终点。你说这和我的玩具有什么区别呢？”

后来工匠年岁渐长，终于有一天咽下了最后一口气去世了，再也没有人能制作出如此精美的发条玩具。工匠在遗嘱中捐献了自己的全部内脏，要求将其“物尽其用”。当医生们准备移除他的内脏时，吃惊地发现工匠坚韧皮肤的下面原本应该是心脏、肺、大脑和其他器官的地方，竟然全都是复杂精美的机械装置。那些定期加油、保养良好的发条装置闪着冷冷的光亮，就像工匠制作出来的发条玩具一样，不同之处仅在于他身体里的机械部件结构更加复杂。

医生们面面相觑，十分不解：“那么是谁造出了这个工匠的呢？他不可能是他自己制造出来的吧！”

根据工匠的遗愿，他的机械心脏直到今天仍在瑞士某座老宅子的老爷钟里跳动着，至于他那个发条大脑的下落，现在已经成了一个谜。

起始问题 2：我们到底有多像故事中的这个工匠？

进一步深入思考题：

❖ 人类与机械玩具有什么相似之处？

❖ 如果工匠为自己制作出来的某件玩具上紧发条然后放手，那么这个玩具的结束是否一开始就已经注定了？

❖ 中国有句话叫“有始有终”，那么是否一旦开始就意味着结局是不可避免呢？

❖ 你在生命即将结束的时候所做的事情取决于生命开始的时候发生了什么吗？

❖ 如果是的话，这是否意味着万物皆有规划？

❖ 如果机械玩偶的舞步永远都不会重复，这是否意味着它们并非命定的？

❖ 谁制造出了工匠？有可能是他自己创造出了自己吗？

❖ 有些东西是预先设定的、有些东西不是预先设定的吗？

❖ 万事万物的发生是否有意义和目的？

❖ 宇宙是如何开始的是否决定了宇宙间所发生的一切？

❖ 如果是的话，那也包括你和我吗？

❖ 即将发生什么是由已经发生了什么所决定的吗？

扩展活动

据说工匠被一个匆忙跑过的人不小心撞倒在地，倒地的时候摔坏了身体里的某个部件，所以他就停止运作了。

进一步深入思考题:

❖ 工匠是被杀了还是摔坏了?

❖ 撞倒他的那个人应该受到惩罚吗?如果应该的话,罪名是什么呢?

❖ 工匠要求对自己的零部件“物尽其用”,这样做对吗?

❖ 我们去世以后应该让别人继续使用自己的器官(心脏、肾脏、肝脏等)吗?

你来提问

❖

❖

❖

资料来源:英国儿童文学作家菲利普·普尔曼(Phillip Pullman)所著的《发条装置》(Clockwork or All Wound Up)

哲学关键词:决定论(Determinism)、自由意志(Free Will)、艾萨克·牛顿(Isaac Newton)、戈特弗里德·莱布尼茨(Gottfried Leibniz)、原动因/发动者(First Cause/Prime Mover)

伊米的有趣发明

彼得·沃利（Peter Worley）

适合年龄：10 岁及以上

看到这个世界有太多人说谎、偷窃、伤害他人，伊米感到很烦恼。他知道不少人都有和他一样的担忧，作为一名科学家和发明家，伊米想出了一个自认十分完美的解决方法。他发明了一种微型装置，可以植入人类大脑，而一旦被植入这种装置，任何人在任何情况下都不能再做某些事情。在对该装置进行编程的时候，伊米建议将以下事项列入“严禁”清单，因为他认为一个人不管什么时候都永远不应该做这些事情：

1. 说谎
2. 偷窃
3. 伤害他人

这就意味着一旦被植入伊米发明的这种装置，你就不能说谎、不能偷窃、不能伤害他人。就算你想做这些事情，你的舌头和手也绝对不会配合。

起始问题 1a：为了保证在任何情况下永远都不说谎、不偷窃、不伤害他人，你愿意在自己脑子里植入伊米发明的这种装置吗？

起始问题 1b：如果由你来负责这种装置的编程工作，你会设置怎样的内容呢?

进一步深入思考题:

❖ 有些人和伊米持相同观点，认为有些事情是任何情况下无论如何都不能做的，比如杀人。你认为他们的想法对吗?

❖ 我们的自由应该受到限制，这样我们才会表现得更好，这种观点对吗?

❖ 我们可以做自己喜欢的任何事情，就算这么做会伤害到他人，这样对吗?

❖ 个人自由与大众利益，哪一个更重要?

❖ 如果我们没有选择权，永远做正确的事情，这样会不会更好?

❖ 如果我们被植入了伊米发明的装置，就一定能够保证我们永远只做正确的事情了吗?

你来提问

❖

❖

❖

资料来源：美国科幻小说家艾萨克·阿西莫夫（Isaac Asimov）提出的“机器人三原则”

哲学关键词：康德伦理学原则“绝对命令”（Categorical Imperative）、道德绝对论（Moral Absolutism）、约翰·密尔（John Stuart Mill）的伤害原则（Harm Principle）

后悔药

彼得·沃利（Peter Worley）

适合年龄：10岁及以上，高级

你有没有想过这样一个问题：同样一件事，如果你能换一种做法结果会是怎样？

莎希拉不仅这么想过，还真的动手采取了行动。她设计、制造了一部特殊的机器。这部机器很大，所以她在自己家地下室建了一个超大实验室，好放得下这部有几千个记忆库和几千根线缆的超大型、超复杂的超级计算机。

当然，她爸爸也帮了点儿小忙。

这部机器最主要的作用就是能告诉你如果某事换一种不同的选择最后的结果会怎样。只要用一部特制相机把某件已经发生的事情从头到尾全部拍下来，然后拿回到实验室连接超级电脑并在程序里输入想要的变化参数，就能在电脑屏幕上看到参数变化后的视频资料。莎希拉和爸爸给这部功能强大的电脑起名叫“后悔药”。

莎希拉认为，哪怕是很小很小的变化最后也会导致结果出现很大很大的不同，但是爸爸不同意她的看法，于是他们决定做个实验，看看到底谁是对的。一天早上，莎希拉的弟弟去上学，身上穿着一件蓝色套头衫。于是她对爸爸说：“我敢跟你打赌，如果他穿其他颜色的上衣，他这一天过得就会大不一样。”但父亲却说：“就算他不穿蓝色穿红色，这一天对他来说该怎样还是怎样，不会有什么变化。”

起始问题1：你认同谁的观点？

进一步深入思考题：

❖ 细微的变化重要吗？

❖ 巨大的变化重要吗？

❖ 结果会像爸爸说的那样一切都会和之前一样吗？

❖ 如果弟弟最喜欢的颜色是蓝色，那么换成红色衣服算是小变化还是大变化呢？

❖ 你认为自己对这个世界都有哪些影响？

❖ 你所做的事情重要吗？

❖ 我们有可能知道“可能发生的事情”是什么吗？

第二天，莎希拉的弟弟一起床就像往常一样套上蓝色衣服，然后去上学了，不知道在自己穿衣服的时候姐姐就已经偷偷地将那部特制相机对准了他。当天晚上，莎希拉和父亲一吃完晚饭就跑到秘密实验室，迫不及待地往电脑里输入了变化参数：“我弟弟穿的不是蓝衣服而是红衣服”，然后郑重其事地按下“回车”键。

活动：下面将会发生什么？你能续写这个故事吗？

进一步深入思考题：

❖ 你认为电脑屏幕上会显示什么结果？

❖ 你认为弟弟穿了不同颜色的衣服这一天就会过得不一样吗？

莎希拉的弟弟起床以后，和往常一样穿了件蓝色的上衣，他的一天是这样度过的：

他在班级橄榄球比赛中被选入蓝队，结果蓝队赢了。球队赢球让他信心大增，回到家里也非常高兴。因为情绪好，弟弟完成了所有的家庭作业。第二天上学的时候，老师因为弟弟完成作业表扬了他，所以这一天他放学回家的时候也是高高兴兴的。就这样，他整个星期的作业都完成得很好……

起始问题 2：如果弟弟穿的是红色上衣，你认为有哪些事情会变得不一样？

进一步深入思考题：

❖ 这一变化会对他的未来产生多大的影响？

❖ 有哪些事情会变得不一样？

❖ 他还能赢班级的橄榄球比赛吗？

哲学关键词：偶然性与因果关系（Contingency and Causation）

宙斯百无聊赖的时候会干啥？

彼得·沃利（Peter Worley）

适合年龄：10 岁及以上，高级

众神在奥林匹克山上居高临下地俯瞰众生，超然于凡尘俗世，不涉任何人间纠纷。

一天，众神之王宙斯百无聊赖地玩了一会儿多米诺骨牌，把几千个骨牌排成一排，然后推倒第一块，看整个骨牌阵依次轰然倒地。然后他突然想到一个问题：如果能让昨天再来一遍，一切都会和第一次相同还是会有所不同。好吧，他想，既然我是众神之神，干嘛不做个实验自己寻找答案呢？于是，拥有超强神力的宙斯让世界万事万物都重新回到昨天清晨时的样子。世界上所有的人都像电影的倒放镜头一样向后运动，回到昨天早上的样子。一切就位之后，宙斯按下了停止按钮，将整个世界暂时停住了。

起始问题 1：趁现在宙斯还没有打个响指让昔日重回，你认为昨天的一切会重演吗？一切都会和第一次一模一样吗？

进一步深入思考题：

❖ 举个例子，如果第一次有风吹倒了一棵树，第二次还会这样吗？

❖ 如果有个男孩错过校车导致上课迟到，第二次还会这样吗？

❖ 如果有个女孩选择待在家里看电视，没有和朋友们出去玩，第二次还会这样吗？

❖ 如果有个男孩选择做了件调皮捣蛋的事情，结果让自己惹了大麻烦；如果昨日重来他会选择不去做那件事情吗？

❖ 如果能够再次回到昨天，人们会做出不同的选择还是会选择做同样的事情？

❖ 如果你知道现在是在重新过一遍昨天的话，你会改变自己的选择吗？

❖ 如果你知道自己第一次是怎么做的，第二次会有哪些改变吗？

❖ 如果你不知道现在是重新过一遍昨天，你做事会有不同的选择吗，还是会和第一次一样？

高级扩展活动

回忆一下自己上次做过的选择是什么，比如吃了哪种麦片或看了哪个频道的电视节目，然后设想宙斯现在把时间“调回”你当初做出选择的前一刻。

起始问题 2：你有可能会做出与第一次不同的选择吗？

❖ 如果你知道自己第一次的选择是什么，而且知道“时间倒流”了，你会做出与第一次不同的选择吗？

❖ 如果你不知道自己第一次的选择是什么，也不知道“时间倒流”了，你会做出与第一次不同的选择吗？

进一步深入思考题：（适合年龄较大的学生和读者）

❖ 根据自己对上述问题的回答，你对“选择”这个概念有什么看法？

❖ 有些哲学家认为，只有当以不同方式去做任一特定时间已经做过的事情成为一种可能的时候，选择才能成为真正意义上的选择，人才能拥有真正意义上的自由意志。你对此有什么看法?

❖ 你认为如果给你机会再做一次选择的话，你会做出和上一次不一样的决定吗?

❖ 如果回答是否定的，那你或许是个决定论者（不相信自由意志）。

❖ 如果回答是肯定的，那你或许是个形而上学的自由主义者（相信自由意志）。

❖ 你有可能既是决定论者同时又是形而上学的自由主义者吗?

你来提问

❖

❖

❖

资料来源及哲学关键词：必然性（Necessity）、偶然性（Contingency）、自由意志与决定论（Free Will and Determinism）；斯宾诺莎（Spinoza）、Hume（休谟）、叔本华（Schopenhauer）与康德（Kant）关于自由意志（Free Will）和决定论（Determinism）的观点；波伏娃（Simone de Beauvoir）与“置身其中的自由”（Situated Freedom）

形而上学：人格同一性

他们还是同一个人吗？

安德鲁·劳特里奇（Andrew Routledge）

适合年龄：12 岁及以上

以下六篇文章的讨论形式与本书其他章节大体相同，但同时也提供了让学生拥有更大参与感的机会，用生动有趣的方式鼓励学生设身处地对问题进行思考。

他们还是同一个人吗？

准备工作

任意选一名学生扮演“囚犯”，选择方式可以灵活多样，通过选择的过程活跃全班气氛，增加学生的兴趣，提高他们的参与热情。可以采取抽签的方式选出“囚犯”扮演者：事先在每个学生的椅子下贴上数字，然后抽签决定由哪个学生来扮演“囚犯”。

被抽中的学生可以拿一张“场景卡片”（具体内容参见“他们还是同一个人吗”各章节），必须坐在“牢笼里”（可以把一张椅子放在讲台旁边当作“牢笼”），等待最后的“裁决”。活动组织者应宣读“场景卡”上的内容，同时扮演“法官”的角色。其他学生分成三组，一组是“控方律师”，辩论观点为“囚犯与罪犯是同一个人”；一组为“辩方律师”，负责为“囚犯”辩护，说服法官和陪审团“囚犯与罪犯并非同一个人”，因此“囚犯”应被当庭释放；第三组是“陪审员”，负责在双方律师辩论结束以后权衡两方观点，做出“有罪”或者“无罪”的裁决。

每组人数视班级学生人数而定，如果班级人数较少则无需分组，只需全体一起讨论案件然后共同投票做出最后的裁决即可。

活动组织者同时兼任法官一职，因此不应过多发表自己的观点，需在辩论过程中保证讨论不偏离轨道，并通过提问双方律师来推动讨论向前发展，也可建议陪审员郑重考虑某些证据。

十分钟辩论

在这十分钟辩论期间，控辩双方均应清楚了解所辩案情，如有个罪犯抢劫了一家画廊，得手之后服药抹去了自己的全部记忆，永久性地改变了自己的个性。后来警察从这个人的家里搜出了一幅价值连城的失窃画作，但是这个人已经不记得自己偷过东西，也不记得过去发生过的任何事情，无法相信自己曾经做过这样的事情。那么问题来了，这个人和当初打劫画廊的那个人是同一个人吗？这个偷天大盗应该受到惩罚吗？记忆对我们之所以成为我们到底有多重要？个性对个人身份来说重要吗？这些都是该案情讨论中会出现的问题。

案情讨论中还有可能会提出“惩罚目的”这一问题：法律体制是为了宣扬“恶有恶报”、改造违法者，还是“杀鸡给猴看”震慑潜在罪犯。组织者无需叫停这一类的讨论话题，因为这些都是有趣的话题，本身也都是重要的哲学议题。培养并鼓励他们对哲学的好奇心才是最为重要的。

五分钟总结

这五分钟的主要任务是让陪审团综合权衡双方提出的证据，然后将其最后有罪 / 无罪的裁决放在信封里递给法官。法官应停顿片刻待全场肃静之后再宣读陪审团的裁决，然后解释案情讨论过程中涉及的哲学观点，简单回顾并总结一下大家提出主要观点，并将问题与哲学理论相结合进行阐释。最后，活动组织者可提供更多相关阅读资料供有兴趣的人自行继续钻研。

注：关于场景的选择请参见以下各章节的具体内容。如果课时较长，可要求学生在讨论结束后自己编写更多场景。这是很好的哲学思考练习，能够帮助他们了解如何将思考转化成实验，而思维实验正是哲学的核心工具之一。设计场景的时候，学生需要想出（1）嫌犯姓名、（2）犯罪内容以及（3）嫌犯具体是如何变化的。然后问同样的问题：他们还是同一个人吗？如果有人想不出来，可以提醒他们场景不必完全不同于之前讨论过的场景内容，哲学思考通常都是在已有场景的基础上修修补补，改变其中一个因素同时保持其他因素不变，然后思考：这样做结果会有所不同吗？通过这样的思考过程，你就能更好地把握到底什么才是最重要的。具体来说，你可以对现有的场景稍加修改，让某人的性格发生巨大变化但同时保留其大部分的记忆。

哲学关键词：个性（人格同一性）、自我的延续性、唯物主义（Materialism）、自我（Selfhood）

他们还是同一个人吗（一）：记忆

安德鲁·劳特里奇（Andrew Routledge）

适合年龄：12岁及以上

有个罪犯打劫了一家画廊，偷走了价值数百万英镑的名画，足够逍遥自在地过下半辈子。为了逃避警方追捕，同时也为了保证自己今后不会再做这种勾当，这个人服用药物抹掉了从前的所有记忆，同时还彻底改变了自己的性格，思想和言行举止全都跟以前大不一样，变成了一个乐于助人的好人。但是，警察接到线报从这个人的家里搜出一幅失窃的名画，于是逮捕了此人并通过化验得知其身体系统中仍有药物残留。问题是这个人因为药物的影响已经不记得自己打劫过画廊，也不记得过去的任何事情，而且无法相信自己曾经做过这种坏事。对于现在的这个人来说，打劫这种事情不要说亲自去做，就是想一想也会感到害怕。

这个人现在就坐在我们的面前，我们需要思考的问题是：

起始问题：这个人和之前打劫画廊的人是同一个人吗？这个人应该受到惩罚吗？

进一步深入思考题：

❖ 记忆对于我们之所以能够成为我们有多重要？

❖ 我们的个性到底有多重要？

❖ 服用这种药物和死亡是一回事吗？

❖ 如果你是坐在牢笼里的那个人，你会有什么感觉？你认为自己应该受到惩罚吗？

你来提问

❖

❖

❖

他们还是同一个人吗（二）：身体

安德鲁·劳特里奇（Andrew Routledge）

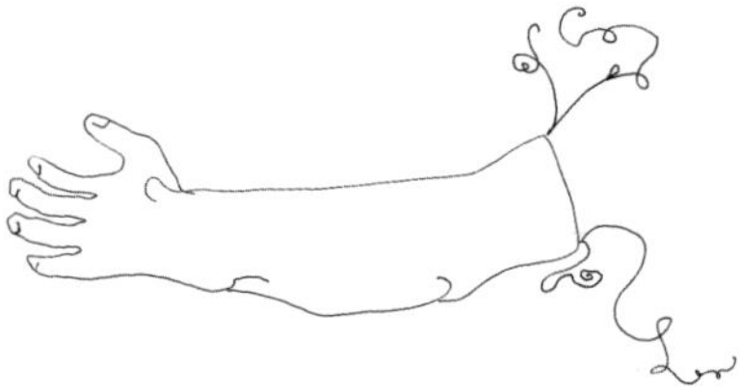

适合年龄：12 岁及以上

有个国家假钞盛行，警方接报突击搜查了一间废弃厂房，在那里逮捕了一个犯罪团伙并缴获了几个装满假钞的手提箱。虽然在现场没有找到犯罪团伙的头子，但警察知道这个人是谁，因为此人曾经坐过牢留有案底，警方掌握有这个人的相貌、身高、体重、体形等个人信息，于是展开了一场全国性的大搜捕。

这个犯罪团伙头目看到新闻上的通缉令，知道非常时期必须采取非常手段，于是联系了两位老朋友，一位就职于器官捐赠机构，一位是医院里收受贿赂从事非法勾当的黑医生。这种手术非常危险，而且价格奇高，但是罪犯头子为了避免进监狱不惜一切代价。刚开始几星期的时间里，医生先切除了这个人的双腿双脚，换上另一个人的腿和脚，待伤口完全愈合以后再更换其双臂和双手，然后逐渐替换掉包括心肺在内的各个内脏器官。一年以后，这个人与之前相比已经面目全非了，五脏六腑也全都换了个遍。最后，医生为这个人做了大脑移植手术。

所以当此人最后走出手术室的时候，其全身上下已经没有一个地方是原来的配置，所有地方和器官都更换过了。可惜虽然挨了这么多刀，这个人最后还是被警察抓到了。警方在调查一系列器官失窃案的时候找到了这个人的银行记录，最终循此找到了他的踪迹。看到这个人全身上下密密麻麻的手术疤痕，警察马上就知道自己抓对人了。

这个人现在就坐在我们的面前，我们需要思考的问题是：

起始问题：这个人和之前带领犯罪团伙制造假钞的人是同一个人吗？这个人应该受到惩罚吗？

进一步深入思考题：

❖ 身体对我们之所以能够成为我们有多重要？

❖ 一个人经过什么样的变化才会变成另外一个人？

❖ 你会让外科医生更换自己身上多少地方？

❖ 这些变化是循序渐进、逐渐发生的，这一点重要吗？

你来提问

❖

❖

❖

哲学关键词：英国哲学家托马斯·霍布斯（Thomas Hobbes）与唯物主义（Materialism）、英国哲学家约翰·洛克（John Locke）与不同时间的身份问题。

他们还是同一个人吗（三）：身体复制

安德鲁·劳特里奇（Andrew Routledge）

适合年龄：12 岁及以上

有黑客黑了很多政府部门的电脑获取到高度机密信息，警方相信这些机密信息已被出售，而且知道是谁干的，但是黑客早就准备好了万全的逃脱计划。老派罪犯的逃脱工具最多是辆性能完善的汽车，现在（距今遥远的未来）科技已经有了迅猛的发展，不少手头宽裕的罪犯已经用上了逃脱机器。只要进入这种机器，设备就会对人进行全身扫描，然后将扫描信息通过卫星传输给位于设定目的地的另外一部机器，第二部机器即可根据接收到的信息使用先进的化学材料复制出一模一样的人。这两个人的身体和大脑全都一模一样：相貌一样、行为一样、思想一样，就连想要的东西也全都一样。复制程序完成以后，第一部机器里的人就会被马上销毁，以保证此人在世界上只有一个。不幸的是，国际刑警通过复制机的销售这条线索顺藤摸瓜，复制版的黑客刚从复制机出来还不到一个小时就被警察抓获了。

这个人现在就坐在我们的面前，我们需要思考的问题是：

起始问题：这个人和之前黑入政府电脑系统的是同一个人吗？这个人应该受到惩罚吗？

进一步深入思考题：

❖ 身体对我们之所以能够成为我们有多重要？

❖ 关于我们的身体什么是最为重要的？

❖ 身体是由什么东西组成的或者身体是如何组合起来的，这个问题重要吗？

❖ 如果你是逃犯的话，你会使用这种逃脱机器吗？

你来提问

❖

❖

❖

哲学关键词：英国哲学家德里克·帕菲特（Derek Parfit）《理与人》（Reasons and Persons）

他们还是同一个人吗（四）：大脑

安德鲁·劳特里奇（Andrew Routledge）

适合年龄：12 岁及以上

一个胆大妄为的罪犯窃取了王冠并成功逃脱，全国观众都从电视上播放的监控录像中看到了此人的整个逃脱过程。警方敦促国民留心身边的每一个人，发誓一定要找到这个偷天大盗。于是此人召集了一帮医学专家为其做了大脑移植手术，将大脑取出来放入另外一个人的颅骨里，然后将自己原来的身体秘密掩埋，于是这个人除了大脑之外和以前没有任何相似之处。但是当此人想要将偷到的王冠出售套现的时候，却不幸遇到了更大的对手，惨被买方出卖，取钱时一头撞上了全副武装的警察。

这个人现在就坐在我们的面前，我们需要思考的问题是：

起始问题：这个人和之前偷取王冠的人是同一个人吗？这个人应该受到惩罚吗？

进一步深入思考题：

❖ 如果把你的大脑移植到另外一个人的身体里，那么你在哪里呢：在原来的身体里还是在大脑所在的身体里？

❖ 身体和性格中哪一个对我们之所成为我们更为重要？

❖ 如果将你的大脑放在另外一个身体里，你认为自己的性格还会一样吗？

❖ 如果让你自己选择的话，你更愿意留下自己的大脑还是身体其他部位?

- 你的记忆还会一样吗?你的性格呢?

你来提问

-
-
-

他们还是同一个人吗（五）：克隆

安德鲁·劳特里奇（Andrew Routledge）

适合年龄：12 岁及以上

有个好莱坞名演员的妻子被人绑架了，绑匪开价一亿美元。警方通过追踪勒索信件发现了线索，在一个车库找到了被绑架的人质。虽然警察成功解救出人质，但是绑匪早就准备好了万全的逃脱计划。老派罪犯的逃脱工具最多是辆性能完善的汽车，现在（距今遥远的未来）科技已经有了迅猛的发展，不少手头宽裕的罪犯已经用上了逃脱机器。只要进入这种机器，设备就会对人进行全身扫描，然后将扫描信息通过卫星传输给位于设定目的地的另外一部机器，第二部机器即可根据接收到的信息使用先进的化学材料复制出一模一样的人。这两个人的身体和大脑全都一模一样：相貌一样、行为一样、思想一样、就连想要的东西也全都一样。复制程序完成以后，第一部机器里的人就会被马上销毁，以保证此人在世界上只有一个。

不幸的是，机器在运作过程中出现了故障，发出一阵古怪的声响之后冒出浓烈的白烟，结果复制出来三个人，他们全都跟原来的绑匪一模一样。虽然原来那个绑匪已经按计划遭到销毁，但是这三个人全都认为当初走进复制机器的是自己。后来国际刑警发现了这三个人的行踪，将他们一一抓获并送上法庭。

这三个人中的一个现在就坐在我们的面前，我们需要思考的问题是：

起始问题：这个人和之前的绑匪是同一个人吗？这个人应该受

到惩罚吗?

进一步深入思考题:

❖ 如果现在有三个不同的人，我们怎么知道哪一个与之前的绑匪是同一个人呢?

❖ 机器出现故障是否意味着这三个人中没有人和之前的绑匪是同一个人?

❖ 复制机杀死了绑匪吗?

❖ 如果机器出现故障没有销毁原来的那个绑匪，那么四个人中谁应该受到惩罚呢? 还是四个人全都应该受到惩罚?

你来提问

❖

❖

❖

他们还是同一个人吗（六）：变化

安德鲁·劳特里奇（Andrew Routledge）

适合年龄：12 岁及以上

在多年前的一场战争中，有个人折磨、屠杀了很多无辜的人。战争结束以后，这个人害怕受到应有的惩罚，于是设法逃离了自己的祖国，一直跑到拉丁美洲，并在那里隐姓埋名安顿下来。很多年过去了，这个人越来越老，已经不记得遥远的过去发生过的那些事情，而且即使身处从前那样的环境也不会再做出同样凶残的事情。这个人的世界观已经和以前完全不同，性格也发生了根本的变化。此外，步入老年以后，从外貌上看这个人和之前那个人已经不再是同一个人了，身上的细胞也都全部替换过很多遍。可是有人怀疑此人有可能是战犯，于是向当局告发了此人。警方根据线报逮捕了这个人。

这个人现在就坐在我们的面前，我们需要思考的问题是：

起始问题：这个人和之前那个战犯是同一个人吗？这个人应该受到惩罚吗？

进一步深入思考题：

❖ 我们的变化方式重要吗？

❖ 某些变化方式是否比另外一些变化方式更加自然？如果是的话，为什么？

❖ 为什么有些变化方式对我们影响不大，但有些对我们影响很大？

❖ 缓慢变化或逐渐变化这一点很重要吗？

你来提问

❖

❖

❖

回忆过去

彼得·沃利（Peter Worley）

适合年龄：9岁及以上

找个最舒服的姿势坐下来，跟着以下问题一步一步地认真思考，想清楚一个问题以后再看下一个问题：

1. 回忆一下自己十分钟以前在什么地方。
2. 现在回忆一下自己一个小时以前在什么地方。
3. 昨天在什么地方？
4. 去年呢？
5. 回忆一下自己五年前在什么地方。
6. 十年前呢？
7. 一百年前呢？
8. 一千年前呢？
9. 一百万年前呢？
10. 一千万年前呢？
11. 十亿年前呢？

起始问题：你在出生之前是什么？在哪里？

进一步深入思考题：

❖ 思考出生前的自己有意义吗？在你出生之前有“你”吗？

❖ 你在出生之前存在吗？

❖ 在你出生之前，从基因的角度看你存在吗（或者说你是否存在于祖先身上）？

❖ 构成你的那些化学物质是否在你出生前就存在呢？（你可能要先弄清楚自己都是由哪些化学物质组成的！）

❖ 你认为自己在出生前就有灵魂吗？如果是的话，灵魂在哪里？

❖ 有没有什么物质是构成所有东西都需要用到的？

你来提问

❖

❖

❖

资料来源：美国诗人卡尔·桑德伯格（Carl Sandburg）的诗作“你认为你是谁？”（Who Do You Think You Are？）

哲学关键词：关于灵魂与自我的哲学、合成谬误（Fallacy of Composition）

你认为你是谁?

诺伦·葛兹(Nolen Gertz)

适合年龄:14 岁及以上

约翰搬家后换了一所新的学校。上学第一天,老师保罗把他介绍给全班同学,然后对他说:“你能跟我们简单介绍一下自己吗?”约翰点了点头,站起来说:“大家好,我叫约翰,之前住在布莱顿,刚搬到伦敦没多久,很期待跟大家一起学习。”

老师听完之后脸上露出困惑的表情,对约翰说:“谢谢你的发言,不过我之前的意思是想要你跟我们说一说自己是谁。”约翰不好意思地笑了笑:“哦好吧,抱歉。我有个姐姐叫西蒙妮,我们家有只猫叫艾波特……”但这次他还没说完就被老师打断了:“对不起,约翰,可你说的这些全都是关于你自己的事情,我想让你说的是你自己。”于是约翰再次说了声“抱歉”,思考了一下,然后开始说起自己的父母和自己最喜欢的游戏。不过老师又一次打断了他,要求他告诉大家他到底是谁。

这一次轮到约翰感到困惑了:“我刚才就是在告诉大家我是谁啊。”老师这个时候也意识到问题的所在,开始循循善诱地启发约翰:“是这样的,我们既不想知道你过去的事情,也不想知道你家什么样、你父母姐姐什么样,不想知道你的兴趣是什么。我们只想了解你这个人,想知道你是谁。”约翰想了又想,实在想不出该怎么说,最后冲口而出道:“我就是我啊!”

起始问题：你是谁?

注：如果你和约翰一样不知道该怎么回答这个问题，没有关系。你能说出自己为什么会有这种说不出来的沮丧感吗?

进一步深入思考题：

❖ 你回答这个问题的时候可以简单地列举出一些关于自己的事实和信息吗?

❖ 在回答这个问题的时候，除了约翰冲口而出的那句“我就是我啊！”还有别的答案吗?

❖ 可以用“我就是我啊！”来回答“你是谁？”这个问题吗?如果可以的话，这是个好的回答吗?

❖ 你一般会怎样向别人介绍自己？别人一般会怎样向你介绍他们自己?

❖ 你认为老师想要约翰说些什么？回答这个问题你有更好的答案吗?

❖“关于你的事情”和“你是谁？”之间有区别吗？如果有的话，区别何在?

你来提问

❖

❖

❖

哲学关键词：海德格尔（Heidegger）、萨特（Sartre）、存在主义（Existentialism）、存在焦虑（Existential Anxiety）、自我（Selfhood）

闪亮的记忆

艾玛·沃利（Emma Worley）

适合年龄：9岁及以上

那一年，娜塔莎九岁。她伸手去拿货架上的甘草糖，心脏扑通扑通直跳。甘草糖近在眼前，闪着黑亮黑亮的光，她完全无法抵挡那种诱惑。于是她一把抓住糖果，箭一般冲向门口。可惜动作还是不够快，店主抓住了这个小姑娘，然后把她送回家交给父母。娜塔莎狠狠地挨了一顿惩罚。

三十三年以后……

娜塔莎四十二岁了。她伸手去拿书架上刚摆出来的自传，心脏扑通扑通直跳。她的名字在封面上闪着亮光，这是她的自传。她翻开书，读着第一段早已烂熟于心的那些文字，然后放下书，走出书店。她又想起自己很久以前偷甘草糖的事，嘴角浮现出一丝笑意。是的，她把这个故事写进刚刚出版的自传里了。

又过了四十年……

娜塔莎八十二了。她正给七岁的小孙子夸米读自己过去的故事，心脏平缓地跳动着。夸米眼睛闪着亮光，专注地听奶奶讲自己过去那些不同寻常的经历。听完书中娜塔莎因为偷甘草糖而受罚的故事，夸米叫了起来："奶奶！我都不知道你小时候偷过东西啊！"娜塔莎看着小孙子，一脸诚实地对他说："我也不知道啊，夸米。我早就忘记自己小时候做过什么事情了。"

起始问题1：娜塔莎是小偷吗？

进一步深入思考题：

❖ 成年人应该为自己孩童时期做过的事情负责吗？

❖ 如果我们过去做过某事但是后来忘记了，那我们还应该为此事负责吗？

八十岁的娜塔莎记得自己四十岁的时候出版过一本自传。

四十岁的娜塔莎记得自己九岁的时候偷过甘草糖。

但是八十岁的娜塔莎不记得自己曾经偷过甘草糖。

起始问题 2：她们是同一个人吗？

进一步深入思考题：

❖ 如果是同一个人的话，既然她们没有相同的记忆，为什么要说她们是同一个人呢？

❖ 七岁的娜塔莎应该为自己九岁时候的行为负责吗？我们应该为自己将来会做、但是现在还没有做的事情负责吗？这和我们为过去做过、但是现在不记得了的事情负责是一回事吗？

❖ 记忆对“我们之所以能够成为我们”来说有多重要？

❖ 是什么将我们与过去联系在一起？

❖ 是什么让我们在明天以及五年后还是我们？

❖ 我们在人生的不同阶段是同一个人吗？

❖ 如果必须记得过去才能成为同一个人，那么失去记忆的人呢？

❖ 跨越岁月以后，我们还是我们，如果其基础不是记忆，那又是什么呢？

你来提问

❖

❖

❖

资料来源：苏格兰哲学家托马斯·里德（Thomas Reid）关于“被鞭打的男孩与将军”（也称“勇敢的将军”）的论证

哲学关键词：英国哲学家约翰·洛克（John Locke）的持续意识（Continued Consciousness）、人格同一性（Personal identity）、记忆（Memory）、责任（Responsibility）

撞头前后

彼得·沃利（Peter Worley）

适合年龄：7岁及以上

这天早上，拜伦和往常一样去上学，结果遇到的每个人都叫他“布莱恩”。这让他很气恼，因为他明明叫拜伦。老师手里的花名册上也只有“布莱恩”，根本就没有“拜伦”这个名字。虽然别人叫“布莱恩”的时候拜伦毫无反应，但同学们都说他的名字叫布莱恩，说他一直都叫这个名字。老师也说他叫布莱恩，而且还拿出了证据：“你看，花名册上清清楚楚地写着呢。”布莱恩倍感困惑，因为他根本就不记得早餐之前的事情了。

起始问题1：如果拜伦（或者布莱恩）根本不记得早餐之前的事情，那他怎么能知道自己是谁呢？

进一步深入思考题：

❖ 我们是如何知道自己是谁的呢？

❖ 如果没有了记忆，你怎么会知道自己是谁呢？

❖ 我们能够通过他人告诉我们的信息来认识自己吗？

❖ 其他人了解我们吗？如果答案是肯定的，那么其他人有多了解我们呢？

事情是这样的：那天早餐前，拜伦就是布莱恩。但是布莱恩不小心撞到了头，而且撞的很厉害。当他苏醒过来的时候已经完全不记得之前的一切了。他认为自己叫拜伦，只记得撞头之后发生的事情。但是妈妈还是把他送去上学，认为这样可能对他有好处，说不定能帮助他恢复以前的记忆。

起始问题 2：拜伦和布莱恩是同一个人吗？

进一步深入思考题：

❖ 撞了头以后的这个人和撞之前的那个人是同一个人吗？

❖ 如果他恢复了撞头之前的记忆，那么撞头前后是同一个人吗？

❖ 如果他撞头之前的记忆永远都不能恢复，那么撞头前后是同一个人吗？

结果那天在学校的时候他不小心又撞到了头。不同的是，这一次撞头让他恢复了以前的所有记忆。老师和同学们都很高兴原来那个布莱恩又回来了。但问题是：拜伦去哪儿了呢？

最后请思考一个问题：拜伦去哪儿了？

你来提问

❖

❖

❖

资料来源：感谢戴维·伯奇（David Birch）的提问“如果你忘记了自己是谁，那你怎么知道自己忘记了呢？”

哲学关键词：身体（Body）、记忆与人格同一性（Memory and Personal identity）；约翰·洛克（John Locke）、托马斯·里德（Thomas Reid）

复制机

彼得·沃利（Peter Worley）

适合年龄：7 岁及以上

复制机不是用来复制图片和文字的，相比这些它的用处要有趣得多：它可以复制人，不是复制人的照片，而是复制活生生的人本身，复制出来的人和原版的人一模一样，就连头发的根数和雀斑的位置都一模一样。

这部机器有两个小舱：一号舱和二号舱。把一个人或者一件东西放在一号舱内，然后由操作员按下“复制”按钮，二号舱就会出现一个无可挑剔的完美复制品。

现在想象一下：你走进一号舱，有人按下“复制”按钮，当你走出一号舱的时候，你的完美复制品也从二号舱走了出来。

起始问题 1：见到一模一样的自己会是什么感觉？

进一步深入思考题：

- 你们俩会聊些什么？
- 你们会有很多话聊吗？
- 在这种情况下交谈有意义吗？
- 你们会了解彼此的一切吗？
- 你们彼此之间还有什么是对方不知道的吗？

起始问题 2：哪一个是你呢？还是两个都是你？

进一步深入思考题：

❖ 使你成为你的，到底是什么呢？

❖ 什么是你？

一个星期后，其中一个你发生意外，断了一条胳膊，骨折让你感到疼痛难忍。

起始问题 3：这是否意味着你的一条胳膊骨折了呢？

进一步深入思考题：

❖ 弄清楚到底是哪一个你折断了自己的胳膊就能避免感受骨折的痛苦吗？为了更好地思考这个问题，可以思考以下这两个问题：

❖ 如果是一号舱的你（即原版的你）胳膊骨折了，这是否意味着你折断了自己的胳膊？

❖ 如果是二号舱的你（即复制的你）胳膊骨折了，这是否意味着你折断了自己的胳膊？

你来提问

❖

❖

❖

资料来源：克里斯托弗·诺兰（Christopher Nolan）导演的影片《致命魔术》（*The Prestige*）

哲学关键词：关于自我的哲学、自我（Selfhood）、人格同一性（Personal identity）、莱布尼茨（Leibniz）及其“不可分辨的同一性法则”（Identity of Indiscernibles）

他已不再是从前那个他

彼得·沃利（Peter Worley）

适合年龄：8 岁及以上

玛吐撒拉，别人有时也叫他玛蒂，希望自己能够永生不死，但是他在慢慢变老，现在身体已经大不如前了，膝关节动不动就疼，活动起来也很不灵活。但是，因为他生活在距今十分遥远的将来，所以身体哪个部位出了问题就可以换上用金属和塑料制造的机械装置。我们今天的科技已经能够做到膝关节置换，他生活的那个年代不仅可以置换膝关节，还可以置换身体的任何一个器官。

于是他首先换掉了自己的膝关节，接着发现自己的视力也在不断恶化，便换上了具有摄像功能的电子眼。换上电子眼以后，玛蒂发现自己的视力比年轻的时候还要好，这让他非常高兴，于是更加坚信科技的力量。每当身体哪个部位出现问题，他都会毫不犹豫地换上新的机械装置。

起始问题 1：这样置换下去的话，他什么时候会变成一个和之前完全不同的人？

进一步深入思考题：

- 是在第一次置换手术之后吗？
- 是在最后一次置换手术之后吗？
- 还是在第一次和最后一次之间的某次？

就这样过了一百年，玛蒂全身上下每一个地方都置换一新，全都换成了性能良好的金属、塑料装置。当然，他的大脑是唯一的例外，还是原来的那个。不过玛蒂注意到自己的脑子开始不像以前那样好用了，记忆力更是大不如前，所以一直都在考虑是否要把自己的大脑换成电脑，他们说换了以后大脑的性能会大大提高，他会变得超级聪明，任何时候都能做到过目不忘。更重要的是，以前的全部记忆都可以转存到新的大脑里，至少可以保存两百年不会丢失。如果不做任何处理，他原来的大脑很快就会死亡。于是他为难了：到底应不应该把自己的大脑也置换成电脑呢？

起始问题 2：如果他把自己的大脑置换成了电脑，那他还是原来那个人吗？

进一步深入思考题：

❖ 如果原来的记忆没有转存到新大脑里的话，他还是原来那个人吗？

❖ 更换大脑以后，他全身上下就没有一个地方属于原来那个玛蒂的了，但是只要他还拥有原版玛蒂的全部记忆，就算身体是全新的，这一点重要吗？

❖ 如果他更换了自己的大脑，那么原来那个玛蒂到底是死了还是活着？

你来提问

❖

❖

❖

资料来源：希腊历史学家普鲁塔克（Plutarch）所著《忒修斯之船》

(Ship of Theseus)

哲学关键词: 英国哲学家约翰·洛克(John Locke)和托马斯·霍布斯 (Thomas Hobbes) 关于同一性 (Identity) 的理论

形而上学：心灵哲学

品卡与阿文看世界（一）：机器与人

戴维·伯奇（David Birch）

适合年龄：7岁及以上

两个好奇的外星人从遥远的银河系不远万里来到地球，想看看这个星球到底是什么样子，然后他们就被自己看到的东西迷住了。麻雀虽小五脏俱全，这颗犄角旮旯的小星球，的确大有玄机。于是他们下定决心要把这里的一切都记下来，这样他们家乡的外星人们也能了解地球了。于是，这两个外星人开始记录他们所见的一切……

花：玫瑰、鸢尾花、水仙花……

海洋：大西洋、太平洋、印度洋……

食物：大米、薯条、果酱……

但这两个外星人在关于人的归类上产生了严重的分歧。外星人一号阿文认为应该将人归类为动物，与鸭子、鲸鱼等并列；而外星人二号品卡却认为人与机器同类，应与电脑、手机等归为一类。

起始问题1：应将人归类为“动物”，还是“机器”？

进一步深入思考题：

❖ 你认为阿文和品卡为什么会将人归类为“动物”与“机器”？每种归类请至少说出两个理由，然后分别与阿文和品卡给出的理由进行比较。为了便于我们理解，以下对话已由外星语翻译成中文。

“人是动物，因为动物都睡觉，而人也要睡觉。”阿文信心满满地说。

“但人类会做数学题，就像电脑一样，动物可不懂数学。”品卡反驳道。

“那又怎样？”阿文说：“电脑不用吃饭，不是吗？但人要吃饭，动物也要吃饭。”

“那你说，动物会下棋吗？鸭子会下棋吗？”品卡问。在他看来，问题的答案太明显不过了。

“可能会啊”，阿文固执地回道。“我只是从没和鸭子下过棋而已！话又说回来，即使鸭子不会下棋，动物会变老，人也会变老，但是电脑永远都不会老。”

“可是人能解决问题，他们能解开谜团、能发现谜底，就像机器一样。人就是应该归类为机器！”品卡气急败坏起来，气得脸一会儿发紫，一会儿发绿。

就这样，他们一直吵一直吵，一直吵到三更半夜。

起始问题 2：人类更像电脑 / 机器，还是更像动物？

进一步深入思考题：

❖ 什么是动物？

❖ 什么是机器？

❖ 机器是活的吗？

❖ 机器一定要有电才能工作吗？

❖ “活的”是什么意思？

好多天过去了，两个外星人还在争论不休。他们俩都疲倦不堪，已经几天没刷过牙龈（外星人没有牙）了，口气散发着一股恶臭。但他们仍然坚持己见，不接受对方的观点。阿文坚持认为人更像是动物，而品卡则毫不动摇地表示人类确定一定以及肯定不是动物，坚信人更像电脑。

品卡语带恳求地说："你看，人懂那么多事情，明白那么多道理，他们的知识越来越多、越来越多，这不就像电脑一样吗？"

"人类才不懂那么多呢，他们才没那么特别呢。"阿文昏昏欲睡地回道。

"你说得不对，他们就是懂很多啊，他们就是很特别啊。你想想鸭子吧，比起鸭子来，还是人更了解这个世界。"

阿文犹豫起来。品卡屏住了呼吸，他抱着一丝希望心想：阿文终于要同意他的看法了！

只听阿文欢快地说："哪有！鸭子知道池塘底是什么样子的，还有好多好多事情只有鸭子知道，人就不会知道。"

品卡再也争不下去了，他彻底崩溃了。他瘫倒在地，抽泣起来，眼中流出了团团的外星眼泪。

起始问题 3：人类比鸭子更懂这个世界吗？

进一步深入思考题：

❖ 理解某件事情是什么意思？

❖ 鸭子有理解力吗？

❖ 什么叫理解？

你来提问

❖

❖

❖

资料来源及哲学关键词：认知科学（Cognitive Science）、维特根斯坦（Wittgenstein）的“生活形式”（Forms of Life）、2003年诺贝尔文学奖得主库切（J. M. Coetzee）《动物的生命》（The Lives of Animals）。

（张海儿　译）

品卡与阿文看世界（二）：头脑风暴

戴维·伯奇（David Birch）

适合年龄：7岁及以上

“品卡，别忘了咱们的列表。”

外星人品卡抽泣着，继续在地上缩成一团。

“列表啊，品卡。”阿文催促道。

“唉，好吧。”品卡嘟囔着说。“现在搞什么？”

“人体内都有什么？”阿文答道。

品卡从地上爬起来，换上X光眼球，眯着眼盯住一个路过的人类看，一项项列出自己看到的东西：“肾、肺、肝、骨头、血液、耳屎、心脏、血管、大脑、肠子、鼻涕……好恶心！这个人类也太多鼻涕了吧！”品卡公事公办地记录着。

阿文读了一遍清单，然后说：“你还忘了一样：头脑。”

“我没有忘。”

“你就是忘了。”

“我没有忘！拿给我。”阿文把那份清单递给了品卡。“看见没，就在这儿呢：大脑。”品卡说。

“大脑和头脑不是一回事。”阿文说。

起始问题1：大脑和头脑是一回事吗？

进一步深入思考题：

❖ 有什么是头脑有而大脑所没有的吗？

❖ 有什么是大脑有而头脑所没有的吗？

“不信就换上 X 光眼球自己看看啊！已经没别的了。人类的脑袋里只有个灰不溜秋的大葡萄干”，品卡反驳道。

“品卡，头脑是看不见的。”

“看都看不见的东西，你又怎么知道它真的存在呢？”

阿文开始苦思冥想：“好吧，思想也看不见，但我们也知道人类拥有思想啊。”

“谁说看不见？你的思想就很容易看见”，品卡说。“你脑门儿都皱成一团了。”

“那你也看不见大脑里的思想吧。”阿文边摸着自己皱巴巴的脑门儿边说。

“阿文，你听好”，品卡指着那个鼻涕邋遢的人类说道。“你看见人类大脑里那些小光点没？那就是思想。大脑就像一台机器，思考，就是机器运作起来了。而思考正是依靠头脑进行的，所以说，头脑就是大脑。”

阿文回道：“大脑可不是机器。你难道忘了吗？人类不是机器，而是动物——我们早就说好了的啊。”

“才怪！人类就是机器，这才是咱们说好了的。”

“人类是动物。”

“是机器。”

“动物。”

“机器。”

“动物。”

“机器。”

“动物。”

……

几百年过去了。

品卡陷入了沉思。此时，他面前有两个选择：一个是继续争吵，另一个是整个人躺在地板上边哭边嚎边踹。

脚下的地板，看上去十分诱人。品卡顿了几秒，鼓足了劲儿，蓄势待发。

一场“风暴”就要来了。

起始问题 2：头脑和大脑应被列为不同的东西吗？

进一步深入思考题：

❖ 你同意谁的观点？阿文的还是品卡的？

❖ 关于这个问题的观点你有什么想要补充的意见吗？你支持阿文还是品卡？

你来提问

❖

❖

❖

哲学关键词：心灵哲学（Philosophy of Mind）、法国哲学家笛卡尔（Descartes）与二元论（Dualism）、同一性理论（Identity Theory）、英国哲学家吉尔伯特·莱尔（Gilbert Ryle）与行为主义（Behaviourism）。

（张海儿　译）

努力想要忘记和不花心思记起

罗伯特·托林顿（Robert Torrington）
彼得·沃利（Peter Worley）

努力想要忘记

适合年龄：8 岁及以上

有位魔术师跟行政长官打赌输了，按照约定必须用魔法咒语把对方变成“天底下最富有的人”。他很不开心，不想让行政长官变富，于是想出一个狡猾的计策，这样既能履行自己当初的承诺，又能让对方两手空空、一无所获。他拿出一块魔法石，对满面笑容的行政长官说：你把这块石头放在熊熊燃烧的火焰上，然后念动咒语，马上就能心想事成变成天下首富。教会行政长官如何念咒语之后，狡诈的魔术师这才慢条斯理地继续说：“如果想要咒语灵验，还有一个条件，那就是你必须忘记自己曾经跟我打过赌这回事。哈哈哈！”他大笑三声后转身离去，留下行政长官一个人呆呆地站在原地，脸上的笑容瞬间不见了踪影。

起始问题 1：行政长官忘记自己曾经跟魔术师打过赌这回事就能变成世界首富吗？

进一步深入思考题：

- 你能做到忘记某件事情吗？
- 什么叫忘记？
- 真的能够做到不去想某件显而易见的事情吗？

不花心思记起

但是行政长官并没有放弃努力，他试了又试，可是每次念动咒语的时候他都会想起自己必须忘记打赌这回事。他真的很想忘记，于是对自己说：“我必须忘记打赌这件事，必须忘记打赌这件事！”但是他越是努力想要忘记，魔术师的那些话就变得越清晰。“诅咒他！这样一个劲儿想要忘记，结果却记得更牢了，根本就不可能忘记嘛……除非……”他突然有了个好主意，与其想要忘记，不如干脆别花心思去记得。于是在接下来的几天时间里，他自己一点儿都不去想打赌这回事。

起始问题 2：不花心思去记起会有用吗？

进一步深入思考题：

❖ “不花心思记起”和“努力想要忘记”之间有区别吗？

❖ “忘记”和“不记得”之间有区别吗？

❖ 你能做到不去 “记得某件事”吗？

❖ 忘记是怎么发生的呢？

❖ 我们为什么会记得一些事情？

❖ 我们为什么会忘记一些事情？

❖ 想象一下，如果有人从来不会忘记任何事情，那他们的生活会是什么样子？他们的世界会和我们的世界有什么不同吗？

你来提问

❖

❖

❖

哲学关键词：德国哲学家弗朗兹·布伦塔诺（Franz Brentano）、意向性（Intentionality）、有意识遗忘（Intentional Forgetting）

当地球有了自己的意识……

彼得·沃利（Peter Worley）

适合年龄：11岁及以上，高级

有一天，地球终于有了自己的意识。随着时间的不断推移，它开始像人一样能够意识到自己的存在。这一切到底是怎么发生的呢？还是让我们来听听地球自己是怎么说的吧（当然已经翻译成人类能够看懂的语言了）：

开始的时候，意识的存在仅限于我身上的细菌。这些细菌的名字叫人类，他们住在我的皮肤表面上。细菌开始建造城市、社会等基础设施。这些设施通过道路和河流相互连接，后来连接方式还发展到天空和电力。设施与设施之间的沟通与交流变得越来越先进，越来越迅速，最后整个全球化体系运作起来就像是一个硕大无朋的大脑，意识也开始从个体细菌扩展到城市和国家。随着互联网和万维网的出现，信息的互通与互动变得越来越高效，“大脑”——也就是地球——开始出现自我意识。这就诞生了一种全新的意识，名叫行星意识。我就是这样诞生的。

但是在整个太阳系里，我十分孤单，其他行星要么是死的，要么是无意识的。不仅如此，我现在还病了，全都因为寄生在我身上的那些人类。他们当初给了我意识，现在却正在杀死我。这真让我感到悲哀。我不知道自己还能活多久，也不知道有自己的意识到底是好事还是坏事。

起始问题：一座城市或者一个星球会有意识吗？

进一步深入思考题·

❖ 什么叫意识？

❖ 拥有意识需要什么？

❖ 意识是否能够出现在大脑以外的地方？

❖ 人类是寄生虫还是某种细菌？

❖ 有意识是好事还是坏事？

❖ 在下列情况下，人类对地球来说是好事还是坏事？

（1）故事中

（2）现实中

你来提问

❖

❖

❖

资料来源：奈德·布劳克（Ned Block）与“有意识的国家”（Conscious Nation）

哲学关键词：关于意识（Consciousness）的哲学、随附性（Supervenience）、环境伦理学（Environmental Ethics）

启　示

丹·萨姆纳斯（Dan Sumners）

适合年龄：11 岁及以上，高级

斯蒂芬正在河边晒着太阳悠闲地散步，脑子里构思着一篇小说的故事情节，所以走路的时候有点儿心不在焉。

他走着走着不知不觉间离水面越来越近，结果一个不小心趔趄了一下，掉进河里受了伤。沮丧间他突然意识到：这是他有记忆以来第一次受伤。

他低头细看，原来河岸边有一块生锈的金属片，在他小腿上划开了一道又长又宽的口子。但是更令他感到诧异的是，划破了的小腿皮肤下面露出来的不是骨头和肌肉，而是闪亮的金属和一团一团细电线。

斯蒂芬从河里爬出来以后径直去找自己多年的好朋友娜塔莉，她是机器人专家。斯蒂芬给她看了自己腿上的伤口，娜塔莉非常兴奋。

娜塔莉把斯蒂芬带到自己的实验室里，为他做了全身扫描。扫描结果显示，斯蒂芬是个机器人，全身上下只有皮肤具有生物属性。

娜塔莉兴奋地叫了起来："亏我还认识了你这么久，竟然完全不知道你是个机器人！我甚至从来都没怀疑过你不是人。"

斯蒂芬生气地回答："我当然是人啊！就算我不属于人类，但是我还是人啊，就像你一样。"

起始问题 1：斯蒂芬是人吗?

进一步深入思考题：

❖ 人类和人有区别吗？

❖ 什么是人？

❖ 其他动物也能是“人”吗？比如说海豚或者高级灵长类动物？

❖ 无生命物体可以是“人”吗？

❖ 外星人可以被视为“人”吗？

起始问题 2：机器人不知道自己是机器人，这可能吗？

进一步深入思考题：

❖ 你有可能是机器人或电脑而不自知吗？

❖ 如果你真的是机器人或电脑的话，这意味着什么？

❖ 你认为自己是生物但实际上不是，这种情况有可能存在吗？

❖ 机器人或电脑有可能是活的吗？

❖ 机器人或电脑能有思想和情感吗？

❖ 这个故事里的主人公有思想和情感吗？如果有的话，这意味着什么呢？

你来提问

❖

❖

❖

资料来源：改编自丹·萨姆纳斯（Dan Sumners）的短篇小说《启示》（Revelation ）

哲学关键词：关于人工智能（Artificial Intelligence，AI）的哲学、意识（Consciousness）、感受性、关于人（Person）的概念

凡夫俗子

彼得·沃利（Peter Worley）

适合年龄：14 岁及以上，高级

甲：你好，抱歉迟到了，地铁那边出了点事所以耽搁了。

乙：没关系的。出什么事了？

甲：刚有人需要我帮忙。约会我一般不会迟到，不过我觉得如果是帮人的话还是值得的。

乙：我喜欢愿意帮人的人。要知道，不是每个人都愿意帮助别人的。

甲：可能是吧，不过我觉得大部分人都是乐于助人的。

乙：当然了，你比我更了解人性。（停顿片刻）咱们去哪儿吃饭？

甲：哦，我知道附近有个地方不错，是家中餐馆。

乙：中餐不会太油腻吗？我不是太喜欢油腻的东西，会让我五脏六腑都塞成一团！

甲：好吧，我懂你的意思。不过放心，这家中餐馆很好的，绝对不是那种油腻的外卖食品。

乙：那听上去不错啊！我们就去那儿吧。

他们肩并肩默默地走了一段路。

乙：能再说说刚才地铁的事吗？我跟人约会很少第一次见面就遇到你这种“道德楷模”呢。我想多知道一些具体细节，你不会介意吧？

甲：可是这样老是说我的事情真的好吗？我还是觉得有点尴尬。

乙：没关系的，是我想知道嘛。如果我不问，你也不会说的。

甲：其实我不该这么夸口，真该撒个谎找个别的什么借口。不过说谎对我来说是件非常困难的事，我也不知道为什么，可谎话我就是怎么也说不出口。

乙：没关系的，对第一次约会来说，我觉得这开了个好头。好吧，那么我也告诉你一个秘密吧：我有的时候觉得自己没办法去关心别人，就是没什么感觉，而且我也很少注意到身边是不是有人需要帮助。反正我对跟自己不一样的人特别有兴趣，也很想学一学这方面的能力。

甲：好吧，就凭你说很想学这方面的能力，依我看你也有成为“道德楷模”的潜力啊……

***

差不多过了五年我才发现自己爱上的是一个机器人。我们相识相遇的故事十分老套，当初是通过交友网站认识的，他最吸引我的地方是细心体贴和道德感。虽然他比我聪明，但他从不因此自吹自擂、洋洋得意，也不会让我感到自卑不快，这些都是我喜欢他的地方。对我来说，他简直就是世间罕见的物种，跟其他人都不一样。

现在回想起来，除了“完美”和无可挑剔，他和常人并没有什么不同。他说话不像是机器人，动作也不像；除了没有任何缺点，他和人类一模一样。唉，我早该知道这事太过完美，所以不可能是真的。

有人曾经说过，当一个人与一部看不见的电脑交谈，如果无法分辨出对方只是个人造的交谈对象而不是真正的人，这就说明电脑具有了真正意义上的智能。我把我们第一次约会的对话记录下来，你能从中看出什么我当时没有注意到的细节吗？这次对话跟人与人之间的真爱也没什么太大的区别吧？至少在我看来非常相似。

整整五年时间，我懵懵懂懂一无所知，所以也就有了我们之间长达五年的真爱。他真的是堪称完美，各方面都像人，但又比人好太多。发现真相的那一刻，我当然感到十分愤怒，但同时也感受到一种很像悲伤的情绪。可理性告诉我愤怒和悲伤都是毫无意义的，因为愤怒的对象和悲伤的源头根本就不存在。可即便如此那又如何，我还是感到愤怒和悲伤。

人类在心理上全都是傻瓜：我们知道应该怎么做，但实际上却很少真的会这么做。就像看电影的时候我知道在银幕上看到的一切都不是真的，只不过是演员们演出来的，可我还是会哭会笑，情绪会跟着情节起伏跌宕。很多时候我们都会有意识地避开自己心里的怀疑，我对迈克尔就是这样的。

好吧，一旦克服了最初的震惊和愤怒，我仍然像以前一样爱他，因为爱他早已成为我的生活习惯。我对自己说：其实一切都没有改变。如果我什么都不知道的话，一切不还是照旧吗？那我现在为什么不能和以前一样呢？迈克尔和其他人在我眼里又有什么本质的区别呢？我不知道别人是否也有和我一样的经历，因为别人原来什么样现在还是什么样，迈尔克原来什么样现在也还是什么样。

但是你有可能会说：一定会有些差别的吧，一定有一些令人忧心的小细节，一定会有些不像人类的地方。这不禁让我想起我的父母。母亲经常抱怨父亲有“轻微自闭症状”、“不善交际和应酬”，用她的原话说就是缺乏“一个正常人察言观色的能力”，不会“读空气”。我从来没想过他也有可能是个机器人，或许我早该想到的……

于是我最后决定还是继续爱迈克尔，因为我没有理由相信他没有生命或者没有自我意识。如果我问他的话，他肯定会说：“我当然有生命，也有自我意识。”所以我怎么可能对他说：“你以为自己有生命，但实际上——你这么回答只不过是因为事先设定好了程序”？说到底，人类所做的很多事情不也是建立在程序设定的基础上吗？我们有些行为和信念的源头可以追溯到远古时期祖先的习俗和仪式，经过不断的演化才会有我们现在这样的行为方式和理念。

***

现在我已经七十九岁了，还和迈克尔生活在一起。我仍然深爱着他，但我已经步入老年，身体虚弱，面容苍老。看着迈克尔永远年轻的容貌和充满青春活力的身躯，我忍不住感到深深的悲哀。对他来说，如果身体磨损严重、难以为继，他可以将全部数据转入一个崭新的躯壳，先把记忆、个性、思想、喜好以及——可以说是他的灵魂吗？——全部下载到电脑硬盘上，然后快速转入新的身体里。他的硬件可以进行无数次更换，软件可以进行无数次转存。

而人这部机器却是完全不同的。虽然运作原理差不多，但人类身体和思想之间的联系相比之下更加紧密，贴合度也更高，无法像迈克尔那样将两者分开，至少到目前为止还做不到：身体的死亡就意味着思想的终结。正因为人类的身体和思想之间具有这种不可分割性，如果将一个人的思想数据输入另外一个人的身体里，虽然这些数据继续存在，但这也同时宣告了第一个人的死亡和第二个人的诞生。那为什么迈克尔不是这样的呢？或许他也是这样经历了无数次的死亡和诞生，只不过是我自己不愿意承认？或许机器人之所以能够永生是因为他已经死了很多次？反正我只知道自己悲伤过一次，就是第一次知道迈克尔是机器人的时候。

当然，迈克尔身上没有人类朝三暮四的毛病，他一直都深爱着我。虽然我在慢慢变老，而他青春永驻，但他仍然很爱我。那么这是不是也意味着他其实从来都没有真正爱过我呢？对这个问题我的选择是不回答。毕竟，我只不过是个凡夫俗子。

起始问题：人有可能会爱上机器吗？

进一步深入思考题：

❖ 机器有可能爱上人吗？

❖ 人类是否也是一种机器？

❖ 什么叫爱？

❖ 爱分很多种类吗？

❖ 什么样的东西会彼此相爱？

❖ 在第一部分中，甲是谁？乙是谁？

❖ 故事中的叙事者是男还是女？你是怎么知道的？是男是女重要吗？

❖ 你会像叙事者那样选择不回答最后一个问题吗？为什么？

你来提问

❖

❖

❖

资料来源：灵感来自美国科幻小说家艾萨克·阿西莫夫（Isaac Asimov）关于机器人的小说。彼得·沃利（Peter Worley）的这篇文章首发于2008年9/10月号第69期《今日哲学》杂志（Philosophy Now）。

哲学关键词：关于人工智能（AI）的哲学、美国哲学家约翰·塞尔（John Searle）、关于爱的哲学

形而上学：虚构故事

关于《爱丽丝漫游奇境》的漫想

安·克·格雷灵（A. C. Grayling）

适合年龄：10岁及以上，高级

叙事者：戴维非常喜欢《爱丽丝漫游奇境》这本书，认为爱丽丝掉进兔子洞后的故事表明她是个聪明勇敢的小姑娘，于是他对自己的好朋友保罗说：爱丽丝很勇敢。

保罗：爱丽丝不勇敢，因为她根本就不存在。她只不过是故事中的一个角色，所以怎么会勇敢呢？如果说一个人勇敢或者懦弱、聪明或者愚蠢，这个人必须先存在才行啊。

起始问题1：爱丽丝勇敢吗？

进一步深入思考题：

❖ 虚构的人物可以是勇敢的吗？

❖ 关于虚构人物的论述有对错吗？

❖ 说爱丽丝勇敢对吗？

❖ 正确的句子需要具备什么特点才能说得通？

❖ 虚构人物存在吗？

戴维：但是如果我说“在《爱丽丝漫游奇境》这个故事里爱丽丝掉进了兔子洞”，那么我说的就是真的。在故事里，爱丽丝到底有没有掉进兔子洞呢？她的确是掉进去了啊。所以说“爱丽丝掉进兔子洞”这个陈述为真。那么，如果我们关于某个人的陈述为真，就算这个人是故事中的人物，我们为什么不能说“爱丽丝很勇敢”、“爱丽丝很聪明”呢？

保罗：如果整个故事都是虚构出来的，那么这个故事里的一切都是虚构和想象出来的，“虚构”一词的定义就是说其具有非真实性，所以虚构故事里的陈述不可能为真。

戴维：那好，如果在虚构的故事里出现“水是湿的”这一陈述，那么这个陈述为真？在虚构故事里的这一陈述是否为真？

保罗：这可不是一回事，这和我说的根本就不是一回事。我的意思是说“爱丽丝很勇敢”和“爱丽丝掉进兔子洞”这种陈述非真。你见过有谁掉进过兔子洞吗？这种事在现实生活中根本就不可能发生！这样的事只能发生在故事里，虚构的故事只能发生在想象的世界里。

起始问题 2：他们俩到底谁说得对呢？为什么？

进一步深入思考题：

❖ 他们两个人说的都对吗？

❖ 他们两个人说的都不对吗？

❖ 他们有没有为自己所持的观点说明理由？

❖ 你认为谁的理由更加充分？

❖ “水是湿的”这一陈述是否为真？

❖ 如果虚构小说中有“水是湿的”这一陈述，那么该小说是否陈述了事实？

❖ 如果他们两个人中有一个说得对，这是否意味着其陈述为真？可是如果保罗和戴维都是虚构出来的人物，他们所说的一切又怎么会是真的呢？

❖ “虚构”是否等同于“虚假”？虚构的故事是谎言吗？创作故事的作者是在说谎吗？

❖ 如果对上面这个问题的回答是肯定的，那么虚构故事是在做坏事吗？

❖ 虚构有什么意义呢？

❖ 什么叫虚构？

❖ 我们是否能够从故事中了解关于人性和人物的真实情况？

你来提问

❖

❖

❖

哲学关键词：虚构故事里的真相值

很高兴我不是真的

艾米·托马森（Amie L. Thomasson）

适合年龄：7岁及以上

故事里说从前有个小姑娘名叫梅，她刚满四岁。因为这个人物是不久前刚刚创作出来的，所以用小姑娘自己的话来说她是个“刚诞生的虚构人物”。实际上，这句话是她最喜欢也最常用的一个借口，每当她学小婴儿缩成一团躺在地毯、像婴儿那样吸吮大拇指、发脾气以后在后院游乐场用棍子乱砸东西时，她都会理直气壮地用这句话为自己辩护。

梅是个非常可爱的虚构人物，整天蹦蹦跳跳的，说话风趣，而且十分聪明。她最擅长做的事情就是吃橄榄，不管你在她面前堆多少橄榄，只要翻到下一页，她肯定能把它们全都消灭干净。

但是梅并不开心，虽然她很喜欢自己的书，但还是觉得很孤单。“为什么没有爸爸妈妈照顾我呢？”她问。

作者回答道：“你是我用语言和图画创作出来的，所以我就是你的母亲啊。”

“我不是这个意思”，小女孩闷闷不乐地说。她走到书页的一个角落里坐下，折起那页书把自己藏在里面。

作者终于明白了：“哦，那好吧。”于是她为梅创作出了一位母亲。母亲爱梅胜过世间的一切。她教梅画画，跟梅一起欢笑，坐在地板上花几个小时用积木为女儿搭建动物园和房屋，然后假装地震来了把一切都推倒。作者还给了梅一位父亲。父亲无条件地爱着梅，态度温和，拥有无限耐心，教梅做香蕉面包，教她弹钢琴，带她去花园里认识那里的每一种小鸟。一家人幸福地生活在一起。

就这样，他们幸福快乐地住在图画书里。这是一本精装书，里面有很多彩色的图画，每一页都闪着柔和的亮光。这本书放在一个小姑娘的书架上，小姑娘名叫娜塔莉，她也刚满四岁。书架的下层摆放着一些破旧的二手平装书，里面的恐龙和熊都很嫉妒梅一家人。

一天睡觉前，娜塔莉看到了这本书，它的两边分别是一本讲小鸭子故事的大书和一本关于马戏团的书。“这是什么书啊？”她从未读过这本书，于是对妈妈说：“我想读这本书，现在就要读，行吗行吗？求你了！”妈妈说：“好吧，虽然有点儿晚了。先说好了，这是最后一本哦。”于是母女俩坐在娜塔莉红色的绒毛毯上，听爸爸读故事。

书读完了，妈妈说：“太好了！梅也有爸爸妈妈了，她再也不用一个人孤孤单单的了，真为她高兴啊！”

娜塔莉抗议道：“妈妈，她又不是真的！”

“那倒是”，妈妈表示同意，轻轻合上书关了灯。

娜塔莉缩进绒毛毯里叹了口气说：“真高兴我是真的。”

“小宝贝，我也很高兴”，妈妈说着俯身亲吻了一下女儿粉嫩的脸颊。

书刚合上梅就哭出声来：“她为什么说我不是真的？”和大多数孩子一样，梅早就不记得自己是怎么诞生的了，也不记得自己曾经孤单一人的那些时光了。

母亲解释道：“她说的对，我们只是书里的人物，作者要我们怎样我们就会怎样，我们只能做她让我们做的事情，而且这本书就是我们的整个世界。”

梅抗议道：“我要从这里出去！我要变成真的！我要有脚趾头（因为书上所有图画里都看不到她的脚趾）！我要知道自己两岁的时候什么样（因为书里从来没有提到过）！我要到处跑，我不要待在作者让我待的这个地方！”说着说着她又哭了起来。小姑娘非常郁闷，非常烦躁。看到女儿因为知道了残酷的真相而如此纠结，母亲也跟着掉了几滴眼泪。这时，父亲握住了梅的小手。

只听父亲说：“你知道吗？正因为我们不是真的，所以我们永远都不会生病（书里从未提到过生病的事），你从滑梯上滑下来永远都不会摔个嘴啃泥，我们也永远不会被蚊子咬。”

“这么说也永远不会有人从我午餐盒里偷橄榄吃？”梅半信半疑地问。

“当然啦，永远都不会有人从你午餐盒里偷橄榄吃，也不会有人偷吃你最爱的香草曲奇。你知道最好的是什么吗？我们全都不会死，一家人可以永远在一起，在这本书里相亲相爱直到永远。”

“那我很高兴自己不是真的。”梅终于放下心来，蜷缩在书页的一角，吸吮着自己的拇指，不一会儿就睡着了。

起始问题：梅是真的吗？

进一步深入思考题：

❖ 娜塔莉是真的吗？

❖ 创作出梅和她父母的作者是真的吗？

❖ 创作出“很高兴我不是真的”这个故事的作者是真的吗？

❖ 什么叫“真的”？

❖ 我们有可能是一本书中的人物吗？

❖ 梅有脚趾吗？娜塔莉有脚趾吗？这本书的作者有脚趾吗？这个故事的作者有脚趾吗？

❖ 如果梅走出书页，她还存在吗？

进一步深入思考题：

❖ 是作者创造了虚构人物吗？如果某个虚构人物有父母（像故事中的梅一样），那么创造出该人物的是作者还是虚构人物的父母？

❖ 虚构的人物有可能离开书本变成真的吗？如果能的话，他们还是同一个人吗？

❖ 虚构人物一旦创造出来以后是否会永远存在？如果不会的话，虚构人物什么时候将不复存在？是在书中被作者写死的时候？当所有书全都被毁的时候？还是无人记起的时候？

❖ 做一个真的人，然后经历生老病死，还有可能必须眼看挚爱离开人世但又无能为力；还是做一个虚构的人物，让别人来安排你的人生，远离疾病和死亡，永远不会遭遇厄运，但同时也永远无法掌控自己的人生。你认为这两种情况哪一种更好？

❖ 如果学生的年龄适合，可以组织他们观看伍迪·艾伦（Woody Allen）的电影《开罗紫玫瑰》（The Purple Rose Cairo）并讨论虚构人物和真实人物之间的关系。

❖ 阅读艾伦·米尔恩（A. A. Milne）《小熊维尼的房子》（The House at Pooh Corner）中的“迷幻之地”（An Enchanted Place）一文以及/或者克利弗·刘易斯（C.S. Lewis）《最后一战》（The Last Battle）的最后一章。你认为这些章节主要说了些什么？这些文字是否表明虚构作品中也存在着真实？如果是的话，请解释。

❖ 如果学生较为年幼，指导他们阅读艾米莉·盖勒特的《狼》（Wolves by Emily Garrett），并讨论“书中书”的叙事结构，然后向他们提问：你认为这本书中兔子读的是什么？

你来提问

❖

❖

❖

哲学关键词：虚构实体的本体论

虚构的情感

贝里斯·高特（Berys Gaut）、莫拉格·高特（Morag Gaut）

适合年龄：7岁及以上

玛丽和好朋友简一起听妈妈读故事。这是一个虚构的故事，主人公冒着生命危险英勇救人，结果自己身受重伤。“这故事听了真让人难受”，玛丽伤心地哭了。简安慰她：“别傻了，这只是个故事，他又不是真的受伤了。”

玛丽反驳道：“那你干嘛也哭啊！”

“哪有？我才没哭呢！”简还在嘴硬，但她不敢抬眼看玛丽，因为虽然使劲儿忍着，她的眼泪也马上就要夺眶而出了。“哼，反正这只是个故事嘛！”她嘴上这么说着，但不知道是想劝慰玛丽还是想要说服自己。

起始问题：我们会为虚构故事中的人物动真感情吗？这种伤心是装出来的吗？

进一步深入思考题：

❖ 如果我们真的感到伤心，有这种感觉是合理的吗？

❖ 读虚构故事感到伤心是件好事吗？

❖ 我们会为虚构故事中的人物感到悲伤、愤怒、恐惧、可怜吗？

❖ 如果玛丽读的是真实的故事，她有这种反应合理吗？

❖ 既然明知故事不是真的，简为什么还会哭呢？明知故事是虚构出来的，简为什么还是无法让自己不哭呢？

❖ 她相信这个故事不是真的吗?

你来提问

❖

❖

❖

哲学关键词：虚构的悖论、柏拉图关于情感的理论、肯达尔·沃顿（Kendall Walton）

关于虚构故事的情感

安佳·斯坦鲍尔（Anja Steinbauer）

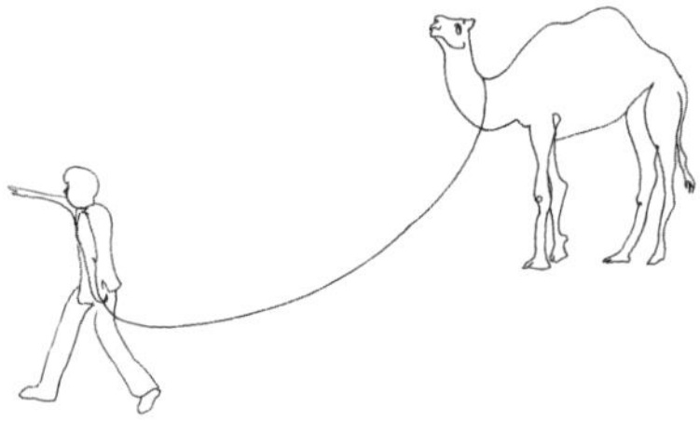

适合年龄：7岁及以上

玛丽另外还有一个朋友叫康拉德。一天上学的路上，康拉德对玛丽说自己的小狗被车撞到了："狗狗没被撞死，但是有只爪子受了重伤，他很可能以后再也跑不快了。"玛丽想到可怜的小狗受伤以后肯定很疼、很痛苦，于是对康拉德说："这真是太可怕了。"结果康拉德大笑起来："你实在是太好骗了，我根本就没养狗！"

起始问题1：康拉德对玛丽说的是虚构的故事还是谎言？

进一步深入思考题：

❖ 虚构与说谎是一回事吗？如果不是的话，二者之间有什么不同？

❖ 一旦得知小狗是康拉德编造出来的，玛丽会有怎样的感受？她还会伤心吗？为什么？

❖ 玛丽母亲讲的故事与康拉德编造的故事有什么不同？二者之间有分别吗？

❖ 有人说，故事就是"获得许可的谎言"，你是否同意这种观点？

进一步深入思考题：

❖ 请查找相关资料了解"暂停怀疑"（suspension of disbelief）的含义。相信某件事与"暂停怀疑"是一回事吗？

有一天康拉德又过来对玛丽说：“妈妈周末送了一条小狗给我，但是小狗被车撞到了，虽然狗狗没被撞死，但是有只爪子受了重伤，他很可能以后再也跑不快了。你可能不会再信我了，但这次是真的！”玛丽难以置信地看着康拉德，心里一点儿也不为小狗感到难过，有的只是对康拉德的愤怒：“你能别再说谎了吗！”她大声吼道，然后转身愤怒地走了。

起始问题2：虽然妈妈讲的故事纯属虚构，但玛丽却感到十分难过。那么为什么听康拉德说自己妈妈周末送给他的小狗被车撞了，她却一点儿都不难过呢？

进一步深入思考题：

❖ 如果康拉德所言真实，玛丽应该感到难过吗？

❖ 如果康拉德说的不是真的，玛丽应该感到难过吗？

❖ 康拉德的叙述是故事吗？

❖ 同样是不真实的叙述，我们的反应为什么会不一样？

你来提问

❖

❖

❖

哲学关键词：虚构的悖论、肯达尔·沃顿（Kendall Walton）、美学、情感、暂停怀疑（suspension of disbelief）、科林·雷福德（Colin Radford）

菲利与索菲写故事

菲利普·科威尔（Philip Cowell）

适合年龄：5岁及以上

菲利与索菲写故事。菲利写了一个关于索菲的故事，故事的开头是这样的："一天，索菲醒来的时候，外面的太阳正好。她想起床做早餐……"而索菲则写了一个外星怪物的故事，故事的开头是这样的："独腿克罗莫瞄准月魄系二号，射向银河波普空间……"

起始问题：菲利与索菲都在写虚构小说吗？

进一步深入思考题：

❖ 菲利与索菲谁在写虚构小说？他们两个写的都不是小说？都是小说？

❖ 什么叫虚构？

❖ 什么不叫虚构？

❖ 什么叫非虚构？

❖ 他们两个人写的故事是否都有所指？

❖ 菲利所写故事中的"索菲"指什么？

❖ 索菲故事中的"波普空间"指什么？现实中有这种东西吗？

❖ 索菲的故事讲得通吗？

❖ 鉴于菲利与索菲都是故事中的人物，他们真的在写作吗？

❖ 如果真有外星人的话，这能否证明索菲的故事就是真的呢？

❖ 如果外星人不存在的话，这能否证明索菲的故事就不是真的呢？

你来提问

❖

❖

❖

哲学关键词：文学的哲学、真实与虚假（truth and falsehood）、真实性（truthfulness）、涵义与意谓（sense and reference）、创意写作

第二部分

认识论或关于现实存在的可知性

认识论：知 识

品卡与阿文看世界（三）：男女不同类？

戴维·伯奇（David Birch）

适合年龄：10 岁及以上

品卡真的很会哭。他一哭，就哭得又久又凶。他哭啊哭，一直哭到挤不出一滴眼泪，这才强打起精神，擦着鼻子对阿文说想回家了。

“还不行”，阿文说，“我们的列表还没完成呢。”

“管他呢”，品卡抽着鼻子说，“你爱怎样怎样吧，把人类放动物类里去吧。我才不在乎。我只想回家。”

“很好，那就这么定了，把人类归入动物一类”，阿文边说边在列表上记了一笔，“万事大吉！我们随时可以回家了。”

“把那些短头发生物也加进列表吧”，品卡建议道。

“什么短头发的生物？”

“就是那些啊，长得很像人类，但不生后代的。”

“你是指男生吗？”

“对，就是男生。”品卡答道，“既然人类是动物，那男生应该也是动物类。”

“品卡，你个白痴，男生已经在列表上了！就在‘人类’一类里”，阿文咂着嘴说。

“哦，我还以为人类指的是能生后代的呢。”品卡吩咐道：“好吧，那你记得把女生也放进动物类里哦，和人类并列。”

“你是火星来的吗！？那不都是人类么！男生和女生都是人类，他们都是同一种动物！”

“别傻了，才不是同一种呢。”

“就是。”

“不是。”

“就是。”

“不是，他们太不一样了！”

“不一样？怎么不一样？”阿文厉声问道。

“你懂的啦，女生喜欢‘哇’，男生喜欢‘呀’，所以他们就是不一样嘛。”品卡不以为然。

“哦，还真是有理有据啊。”阿文翻着白眼说。

“你别这么伤人了好吗，我已经累了。你总是对我这么坏！我不想待了，拜托，赶紧把男生放进列表和人类并列，然后我们就走人好不好。”

“男生就是人类啊！男女都是人类！他们是同一种动物！”

“但他们太不一样了。”

“一样。”

“不一样。”

“一样——唉，得了吧！”阿文吼道，“我再也不要和你一起度假了。”

“你又来了！”品卡抽泣起来。

“你还说我，你完完全全就是个——”

总而言之，阿文和品卡这辈子都没法达成一致。考虑到自己的身心健康以及人身安全，他们俩从此再也没有一起度过假。

起始问题：男女应归入不同的动物类别吗？

进一步深入思考题：

❖ 两性之间是否存在差异？为什么？

❖ 这些性别差异是天生的还是后天被赋予的？

❖ 我们是否可以自行选择性别？

❖ 第三性会是什么样的？

❖ 生理上的性别与社会性别之间是否存在不同？如果是的话，不同在哪里？

你来提问

❖

❖

❖

哲学关键词：酷儿理论（queer theory）、差异派女性主义（difference feminism）

（张海儿　译）

迪娜看见鬼

菲利普·盖登（Philip Gaydon）

适合年龄：7 岁及以上

迪娜告诉劳拉她昨晚看见了鬼，但是劳拉不相信迪娜的话，因为她根本就不信鬼神。劳拉说迪娜肯定是在做梦，但是迪娜表示自己当时是清醒的，因为除了那个鬼之外，当时卧室的样子与她之前半夜醒来时一模一样。但是劳拉还是不相信迪娜的话，指责她不应该说谎，说谎会有麻烦的。迪娜很不开心，因为她从不对劳拉说谎。就连最好的朋友都不相信她，这让迪娜很伤心。

起始问题：如果迪娜并未说谎，那么劳拉不相信迪娜对吗？

进一步深入思考题：

- 劳拉为什么不相信迪娜？
- 如果迪娜说的是实话，这是否意味着她真的看见了鬼？
- 迪娜不开心对吗？
- 如果你最好的朋友告诉你她看见了鬼，你会相信吗？
- 什么会让你改变主意呢？
- 如果你看见了鬼，你告诉别人的时候会担心他们不相信你吗？
- 如果他们不相信你的话，你认为怎样做才能让他们相信呢？
- 什么叫相信？

你来提问

❖

❖

❖

资料来源：乔治·麦克唐纳《公主与精灵》（The Princess and the Goblin）

哲学关键词：认识论、信仰权、证词

哥哥的忏悔

彼得·沃利（Peter Worley）

适合年龄：9岁及以上

约翰与霍思博是两兄弟。约翰九岁的时候一天半夜听到有人敲了一下他的卧室门，他跑过去开门却没见到任何人。从那天开始，约翰一直认为是鬼魂半夜来敲他的门。三十年来，约翰坚信半夜鬼敲门是件真事。三十年后，霍思博终于跟弟弟忏悔说当年敲门的是他。但是，约翰还是相信那天晚上是鬼魂来访。哥哥急了，对约翰说："听着，你没弄明白，那天晚上敲门的不是鬼，是我！"

"那天晚上来敲门的是鬼，我敢肯定！就算你也来敲过门，但这并不能说明就一定没有鬼来过，鬼说不定是跟你同时来的呢。"

起始问题：如果那天晚上真的是霍思博敲了约翰的房门，但是约翰仍坚持认为自己九岁那年听到的敲门声是鬼魂到访，他这么想对吗?

（如果学生年龄较大，可以安排阅读本条目资料来源中所列的材料。约翰认为敲他房门的是刚刚去世的祖母，因为他非常想念祖母。）

进一步深入思考题：

❖ 两种说法是否有可能都是对的？换言之，约翰是否有可能说的是真的，那天晚上的确曾有鬼魂到访？

❖ 如果只能接受一种说法，你会选择哪一种？为什么？

❖ 你觉得约翰为什么不肯放弃自己的“鬼魂说”？

❖ 约翰非常肯定是有鬼魂来访，这是否意味着敲门的就一定是鬼魂？

❖ 对某件事情十分肯定和知道某件事情是一回事吗？

❖ 他应该放弃自己的“鬼魂说”吗？

❖ 兄弟俩是否都有权坚持自己的观点？

❖ 如果约翰的观点是错误的，那么他仍然有权坚持自己的观点吗？

❖ 约翰相信有鬼魂来拜访自己，这一信念有足够的证据作为支撑吗？

❖ 有足够的证据证明没有鬼魂拜访过他吗？

❖ 奥卡姆剃刀定律（Occam’s razor）认为应该接受更简单的那种解释，你认为这是什么意思？奥卡姆剃刀定律建议你接受哪一种解释？

你来提问

❖

❖

❖

资料来源：约翰·霍思博斯（John Hospers）《哲学分析导论》

哲学关键词：奥卡姆剃刀定律（Occam's razor）

帕碧熊历险记

丽莎·麦克纳尔迪（Lisa McNulty）

适合年龄：7 岁及以上

帕碧熊是凯蒂最喜欢的玩具，这只熊从她开始记事的时候就有了。帕碧熊被洗过无数次，已经破旧不堪，但她那双黝黑的纽扣眼睛仍然明亮，脖子上的红色丝带依然耀眼。凯蒂非常非常爱帕碧。

凯蒂实在是太爱帕碧了，所以有一天她突发奇想：帕碧会不会跟我一样是活的！虽然我从来都没听到过她说话，也从来没见过她走路，可是我也没有一天二十四小时都跟她在一起啊。我每天晚上都会睡觉，我睡觉的时候帕碧有可能正好睡醒，然后到处去探险！她很有可能会偷偷溜进厨房喝牛奶、吃巧克力饼干，可能会把家里的狗狗当小马骑！她有可能会走出家门跑去公园，然后在月亮光里荡秋千。

就这样，凯蒂满脑子想的都是帕碧外出历险的事情，结果越想越觉得这一切都是真的。你看，帕碧的脸上有饼干屑，这肯定是她半夜偷吃饼干的时候蹭上的。还有，帕碧身上总能找到狗狗的毛，肯定是半夜把狗狗当马骑的时候沾上的；她爪子上的泥肯定是半夜偷偷溜去公园玩的时候踩上的。总之，帕碧真的就像是活了一样！

一天，凯蒂终于忍不住跟哥哥杰克说了帕碧的事。“帕碧是活的”，她小声对哥哥说，然后说了帕碧的所有冒险经历。

杰克听了哈哈大笑：“帕碧是只泰迪熊，不会动也不会说话，什么都干不了。你真是太傻了！”

“我才不傻呢！”凯蒂抗议道。

“你就是傻”，杰克语气坚定地说。“我们没见过帕碧走路，没见过帕碧说话，也没见过帕碧把狗当马骑。所以她根本就没干过这些事。”

见哥哥不相信自己，凯蒂很生气。她吃饭的时候生气，洗澡的时候还在生气，整晚都没跟哥哥说一句话，因为她实在是太生气了。

上床睡觉的时候，凯蒂抱起帕碧亲了亲她的鼻子。“你是活的，对不对，帕碧？我知道你是活的。晚安啦！”说完凯蒂缩进被子里，很快睡着了。

起始问题 1a：凯蒂知道自己睡着以后帕碧真的活过来了吗？

起始问题 1b：杰克知道凯蒂睡着以后帕碧并没有活过来吗？

进一步深入思考题：

❖ 凯蒂能向杰克证明自己睡着以后帕碧就会活过来吗？

❖ 杰克能向凯蒂证明她睡着以后帕碧并没有活过来吗？

❖ 帕碧脸上有饼干屑，所以她有可能偷吃过饼干；帕碧身上有狗毛，所以她有可能骑过狗狗；帕碧爪子上有泥土，所以她有可能去过公园。要证明“帕碧是活的”，这些是有力的证据吗？

❖ “可能”是什么意思？

❖ 什么叫证据？

卧室里一片宁静安详，凯蒂很快就睡着了。突然，她听到屋里有响动。虽然声音很小，但听上去很像是泰迪熊跳下床落在地毯上发出的那种声音。于是凯蒂竖起耳朵集中注意力仔细听，她听到了更加细小的声响，正是泰迪熊踮起脚尖偷偷溜出卧室发出的那种声音。于是凯蒂打开电灯，没错！她看到了，帕碧正蹑手蹑脚地朝卧室门走去。她兴奋地叫了起来：“帕碧！我就知道你是活的！”

起始问题 2：看到帕碧蹑手蹑脚走路之前凯蒂就知道她是活的吗？

进一步深入思考题：

❖ 看到帕碧能到处走动以后，凯蒂现在知道帕碧是活的吗？

❖ 凯蒂看到帕碧蹑手蹑脚走出卧室的时候，她该认为帕碧是活的还是该想到自己一定是在做梦？

你来提问

❖

❖

❖

哲学关键词：证据、信念、知识与认知偏差（cognitive bias）

丢失的铅笔

迈克尔·汉德（Michael Hand）

适合年龄：7岁及以上

蒂姆去找布伦特老师告状，说加里斯偷了他的铅笔。布伦特小姐问蒂姆有没有亲眼看到加里斯偷他的铅笔，蒂姆回答：“没看到，但是加里斯上午刚弄丢了自己的铅笔，现在用的铅笔跟我丢的一模一样，所以我知道一定是他偷的。”

起始问题：蒂姆知道是加里斯偷了他的铅笔吗？

进一步深入思考题：

❖ 知道与怀疑之间有什么区别？

❖ 我们什么时候才能说自己知道某件事情？

❖ 如果有同学站出来说自己亲眼看到加里斯从蒂姆的铅笔盒里拿走了铅笔，这是否能让事情得到解决呢？

❖ 没有经过允许借用和偷窃是一回事吗？

❖ 如果铅笔是加里斯从地上捡到的而不是从蒂姆铅笔盒里拿的，事情会有所不同吗？

❖ 留用别人丢失的物品是偷窃吗？

❖ 如果铅笔是学校里公用的而不是蒂姆的私人财产，那还能说加里斯偷了铅笔吗？

你来提问

❖

❖

❖

哲学关键词：知识的理论、认识论、推理

空中飞人

彼得·亚当森（Peter Adamson）

适合年龄：10 岁及以上

现在让我们想象一下突然出现了这样一个人。这个人凭空出现，飘浮在空中，可以飞来飞去。但是他的四周一片黑暗，一片寂静，嘴巴尝不到任何味道，鼻子也闻不到任何气味。他伸出手脚，却碰不到任何东西，他连自己也无法触摸得到。那里没有风，他感觉不到任何东西，所以他的五官没有任何用处。因为刚刚开始存在，所以关于过去他没有任何记忆，不记得自己过去看到过、听到过、闻到过、尝到过、摸到过任何东西。

起始问题 1：这个空中飞人会思考吗？

起始问题 2：这个空中飞人会有任何知识吗？

进一步深入思考题：

❖ 假设他能获得某些知识，那么他会有哪种知识呢？他又是如何获取这些知识的呢？

❖ 穆斯林哲学家伊本·辛纳（Ibn Sina，西方常称之为阿维森纳 Avicenna）发明了这一“飞人”理论，并认为飞人至少知道一件事情：他自己的存在。伊本·辛纳的观点对吗？

❖ 假设伊本·辛纳是对的，飞人知道自己的存在，那么飞人知道自己的身体存在吗？

❖ 如果飞人无法知道自己的身体存在，那他是怎么知道自己存在的呢？这是否意味着他并非他的身体？是否意味着他是个有别于自己身体的灵魂？

你来提问

❖

❖

❖

资料来源：伊本・辛纳

哲学关键词：心灵哲学、二元论

男孩与红绿灯（一）

彼得·沃利（Peter Worley）

适合年龄：7岁及以上

一天，丽莎走在街道上，看到有个男孩注意力高度集中，正目不转睛地盯着红绿灯看，于是好奇地问他："你在干嘛呢？"

男孩回答："嘘！我需要集中注意力。"说完，他继续盯着红绿灯看。一会儿，交通灯从绿灯变成红灯，过了一会儿又从红灯变回绿灯。交通灯再次变换颜色之后，男孩转过身来对丽莎说："我盯着交通灯看就能让它一会儿变红、一会儿变绿。"说完，他又转过身继续全神贯注地盯着红绿灯。看他脸上的表情，不知道的还以为他在蹲坑呢，因为他实在是太专注了。

于是丽莎困惑起来：难道他这样盯着交通灯看就能让它一会儿变红一会儿变绿吗？不过，他的确一直都在盯着红绿灯看，而红绿灯也一直都在不同地变换着颜色。

起始问题：男孩盯着交通灯看就真的能让它变换颜色吗？

进一步深入思考题：

❖ 正像丽莎看到的那样，男孩每次盯着交通灯看的时候它都会变化颜色。那么，男孩盯着交通灯看它就会变换颜色，这有可能是真的吗？

资料来源：源自伊恩·吉尔伯特（Ian Gilbert）所著《思想小书》（Little Book of Thunks）里的一个奇思怪想。

哲学关键词：因果关系、恒常联结（constant conjunction）、休谟（Hume）

男孩与红绿灯（二）

彼得·沃利（Peter Worley）

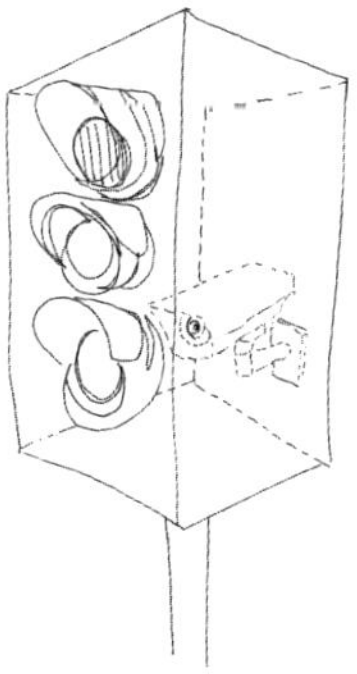

适合年龄：10 岁及以上

其实男孩有所不知，有人在他盯着看的那盏红绿灯上装了摄像头，所以这个人在离男孩很远的一个房间里能看到男孩，而且他还能通过电脑对红绿灯进行遥控。只要男孩盯着交通灯看，这个人就会遥控改变红绿灯的颜色。换言之，如果男孩不盯着交通灯看，这个人就不改变灯的颜色；如果男孩盯着红绿灯看，这个人就会改变灯的颜色。

正当小男孩专注地盯着红绿灯看的时候，他的一个朋友悄悄走到丽莎身边，小声向她解释了交通灯背后的秘密，同时还告诉她男孩对摄像头和遥控交通灯的事情一无所知。但是丽莎还是感到十分困惑：男孩盯着看就能让红绿灯变换颜色吗？

起始问题：男孩盯着看就能让红绿灯变换颜色吗？

进一步深入思考题：

- 男孩是红绿灯变换颜色的原因吗？
- 什么叫原因？
- 红绿灯变换颜色的原因是什么？
- 导致红绿灯变换颜色的原因是否不止一个？

资料来源：讨论“男孩与红绿灯”（一）的时候，九岁的迈克尔提出存在遥控这种可能性。

哲学关键词：因果关系、恒常联结（constant conjunction）、等价（当且仅当）

男孩与红绿灯（三）

彼得·沃利（Peter Worley）

适合年龄：9岁及以上

男孩想要相信他可以通过盯着交通灯看而改变它的颜色。

他认定自己可以通过盯着交通灯看而改变它的颜色。

起始问题：男孩能够选择自己相信什么吗？

进一步深入思考题：

❖ 我们能选择自己相信什么吗？

❖ 信仰是一种选择吗？

❖ 什么是相信某事？

❖ 什么叫信仰？

❖ 如果我们一开始不相信某事，可以骗自己去相信它是真的吗？

❖ 你能选择相信下列各项吗？

1. 独角兽
2. 你能像超人一样到处飞
3. 上帝
4. 你坐的椅子或喝水的杯子等并不存在
5. 外星人

❖ 如果你并不相信某些事情（比如世界是平的），那么如果你想的话是否就能选择相信呢？

资料来源：本章节内容灵感来自一个 10 岁的女孩

哲学关键词：信仰、信仰权、自主性与信仰、原因与信仰

珍爱生命，远离蓝色牛仔裤

萨莱·阿亚拉（Saray Ayala）

适合年龄：11岁及以上

一天，珍早餐读报的时候看到这样一篇文章：

交通安全管理局的年度报告表明：车祸统计数字表明，80%出车祸者身穿蓝色牛仔裤，60%涉及酒后驾车。有鉴于此，管理局出台新政策，对醉驾者课以重罚。该政策实施以后，车祸数量大幅降低。

于是珍放下报纸，严词告诫父母一定不能酒后开车，而且开车的时候一定不能穿蓝色牛仔裤。

起始问题："珍爱生命，远离蓝色牛仔裤"，这是一个好建议吗？

进一步深入思考题：

❖ 珍认为酒精是导致车祸的原因，她这么想对吗？

❖ 珍认为穿蓝色牛仔裤是导致车祸的原因，她这么想对吗？

❖ 你认为禁穿蓝色牛仔裤能进一步降低出车祸的数量吗？

❖ 试想一下：如果你每次都会去现场观看最喜欢的球队的主场比赛，但是球队每次都会输，于是你认定自己的出现是导致球队主场比赛失利的原因，你这样想对吗？

❖ 据说统计数字显示所有成功人士家里都有很多书，如果你也想跻身成功人士之列是否也应该在家里摆满书呢？

❖ "导致"是什么意思？

你来提问

❖

❖

❖

哲学关键词：“相关即因果”之谬误

相信与知道

彼得·沃利（Peter Worley）

适合年龄：7 岁及以上

场景一

起始问题 1a：如果你相信某件事是真的，这是否意味着你知道它是真的？

请看以下场景：

朵霞年纪很小还不满两岁，她相信自己能飞。

起始问题 1b：朵霞相信自己能飞是否意味着她知道自己能飞？

她站在楼梯上面，抱着能飞起来的坚定信念，迈下了第一个台阶。这段楼梯只有三个台阶，然后是平台，接着是下一段楼梯。朵霞迈下第一级台阶，如你所料立刻咕噜咕噜滚落下来，砰的一声摔在平台上。妈妈飞奔过来抱起朵霞，好在小姑娘除了有点晕并未受伤。实在是太悬了！从那以后，朵霞再也不相信自己能飞了。

进一步深入思考题：

❖ 什么叫相信？

❖ 什么叫知道？

❖ 相信与知道有区别么？如果有的话，他们之间有什么不同？

场景二

起始问题 2：如果你相信某件事是真的，而这件事也确实是真

的，这是否意味着你知道它是真的？

请看以下场景：

老师问维丽蒂知不知道 2+2 等于多少，她想了想说："嗯，我知道！"然后信心满满地回答："4！"

维丽蒂说的对吗？

老师说："好样的，维丽蒂！你为什么说答案是 4？"

维丽蒂回答："因为 4 是我的幸运数字。"

维丽蒂相信正确答案是 4，正确答案也的确是 4。问题是维丽蒂真的知道老师所提问题的正确答案是什么吗？

进一步深入思考题：

❖ 什么叫事实？

❖ 相信、知道、事实这三者之间的区别是什么？

场景三

起始问题 3：如果你相信某件事情是真的，而这件事也确实是真的，且你有充分的理由认为它是真的，这是否意味着你知道它是真的？

请看以下场景：

一位妈妈向贾思婷问路，问她知不知道去学校怎么走。那个妈妈身边跟着一个小姑娘，贾思婷猜一定是她的女儿。贾思婷说她知道去学校怎么走，因为那也是她的学校，几年来她几乎天天都要去那里上学。她跟母女俩详细说了去学校的路，看着她们朝学校的方向走去。妈妈和女儿按照贾思婷所指方向顺利找到了学校，这时距她们跟老师预约的见面时间还早。小姑娘下学期就会开始在这里上学了。

贾思婷相信自己知道学校在哪儿，学校也的确在她认为它在的那个地方，而且她有充分的理由认为学校就在她认为的那个地方，因为几年来她几乎每天都会步行去那里上学。那么，具备这些条件是否就意味着贾思婷知道去学校该怎么走？

进一步深入思考题：

❖ 什么叫理由？什么叫推理？“理由”和“推理”之间有什么区别？

❖ 相信、知道、真相、理由之间有什么区别？

❖ 贾思婷认为那个女孩是问路妈妈的女儿，她是否有充分的理由？

❖ 贾思婷是否知道那个女孩就是问路妈妈的女儿？

❖ 如果那个女孩的确是问路妈妈的女儿，这是否意味着贾思婷知道她是问路妈妈的女儿？

❖ 哲学家将场景三的这种情况称为 JTB 理论，即将知识定义为“确证的真信念”（justified true belief），当且仅当满足以下三个条件时方可断定某人知道某事：某人相信某事为真；某事为真；某人有理由相信某事为真。这样来定义“知识”一词，条件足够吗？

更进一步深入思考题：

❖ 某人相信某事为真，某事为真，某人有理由相信某事为真，是否有可能出现同时满足这三个条件但仍然不是知识的情况？你是否能够设计出一个场景来说明这种情况？

你来提问

❖

❖

❖

哲学关键词：认识论、知识的理论、柏拉图的《美诺篇》（Meno）、柏拉图《泰阿泰德篇》（Theaetetus）、“确证的真信念”理论（justified-true-belief）、埃德蒙德·盖蒂尔（Edmund Gettier）的论文“经确证的真信念即为知识吗？”（Is Justified True Belief Knowledge？）

菲利与索菲去约会

菲利普·科威尔（Philip Cowell）

适合年龄：5 岁及以上

菲利与索菲周末在公园约会。他们坐在长凳上，吃着三明治，聊着天，还玩了单词游戏。这次约会十分愉快，于是他们决定下周再约。菲利说自己记性很差，于是掏出纸笔，记下约会的时间：“索菲，周六下午三点”。索菲的记性很好，所以她说：“我能记得住，没问题。”他们拥抱告别，然后离开了公园。

起始问题：谁知道菲利与索菲下次约会是什么时候？

进一步深入思考题：

❖ 如果你想要知道某件事情，记录在案与记在脑子里哪种更好？

❖ 记在脑子里与记在纸上是否一样有效？

❖ 将某事记录下来是不是知识的一种形式？

❖ 什么叫知识？

❖ 什么叫记忆？

❖ 将某事写在纸上以后，它是否还在你的脑子里？

❖ 如果你一时想不起自己的生日在哪一天，那么这是否意味着在你想不起来的那段时间，你不知道自己的生日是什么时候？

你来提问

❖

❖

❖

哲学关键词：柏拉图《斐德罗篇》（Phaedrus）、记忆的哲学、认识论、个人身份、自我认知

谁打破了窗玻璃?

艾玛·威廉姆斯(Emma Williams)

适合年龄:8 岁及以上

两个男孩午休时间在学校操场上踢球,其中一个不小心大脚把球踢飞了,只见球径直飞向科学教室的窗户,玻璃就碎了。

这时科学老师刚好就在教室里,于是怒气冲冲地走出教室,冲他们大喊:“你们的球打破了我的窗玻璃!”

两个男孩惊慌失措地对望了一眼,其中一个急中生智,反问道:“您怎么知道是我们干的?”

“别跟我耍小聪明”,老师说。“我都看见了。你们刚才在踢球,然后球就飞到我的窗户上打破了玻璃。”

那个男孩不依不饶地追问:“那么请问您真的看到球打破玻璃了吗?您怎么知道球碰到玻璃的时候不是别的什么原因导致玻璃破碎呢?”

老师答道:“这太荒谬了,哪有这么巧的事!”

男孩说:“是有点巧,但是您能肯定我刚才说的就一定不对吗?”

起始问题:老师能够肯定是球打破了窗玻璃吗?

任务:除了球以外,你还能想到多少导致窗户玻璃破碎的原因?

进一步深入思考题:

❖ 如果你认为老师可以肯定是球打破了玻璃,那么你认为老师有多肯定？百分百肯定吗？

❖ 老师是否真的看到球撞击玻璃然后玻璃才破碎的呢？

❖ 老师是否真的看见是球导致玻璃破碎的呢？

❖ 还有什么其他原因能够同时导致玻璃破碎呢？（参见上面的“任务”）

❖ 比较一下球飞过来打破玻璃和其他导致玻璃破碎的原因，哪一种可能性更大？

❖ 我们是否能够自由选择自己想要的解释？

❖ 我们是否能够确切地知道一定是某个事件导致了另外一个事件的发生？

进一步深入思考题：

❖ 哲学家大卫·休谟（David Hume）认为我们永远都无法确定是一件事导致了另一件事，因为我们永远都无法实际体验因果关系，所知道的仅限于两个事件之间存在恒常联结（constant conjunction）。在上述事例中，存在恒常联结的两个事件，即：飞向窗户的足球与破碎的窗玻璃。那么，你认为我们能体验因果关系吗？

❖ 假设休谟说的对，那么相信一定是足球打破了窗玻璃是否合理？为什么？

你来提问

❖

❖

❖

哲学关键词：因果关系、休谟《探究人类理解》（An Enquiry Concerning Human Understanding）、归纳法所存在的问题

问题小姐西娅

彼得·沃利（Peter Worley）

西娅的第一个问题

适合年龄：5 岁及以上

万事通老师前脚刚进教室门，西娅就高高举起了小手，班级点名的时候也不肯放下。万老师知道这是个好发问的孩子，而且西娅总是会问一些稀奇古怪的问题，但她最后还是叹了口气说：“西娅，你想问什么？”

“老师，你怎么知道？”西娅问。

万老师很诧异：“什么意思？我怎么知道什么？”

“我今天的问题就是：你怎么知道的？怎么知道所有这些东西？”西娅的脸上绽开了笑容，等着万老师回答。

但是和往常一样，万老师并不知道该如何回答西娅的问题。

起始问题 1：你能回答西娅的这个问题吗？

进一步深入思考题：

❖ 你是怎么知道自己知道的那些事情的？

❖ 当我们说“我知道”的时候，我们是怎么知道的呢？

❖ “知道”是什么意思？

❖ 什么叫知识？

西娅的第二个问题

适合年龄：7 岁及以上

第二天，万事通老师抱着一本厚厚的百科全书走进教室："西娅，我一直都在思考你昨天的那个问题，我想我知道答案是什么了。我知道是因为我在这本书里读到过。"说着她把手轻轻放在大百科全书上。

西娅闻听此言马上又高高举起了小手，这次还因为动作太猛差点儿从椅子上掉下来。

"还有问题吗，西娅？"万老师问。

只听西娅问："可是老师，你怎么知道自己知道呢？"

万老师噘着嘴，一言不发地看着西娅。她之所以不发一言是因为西娅又把她给问住了。

起始问题 2：你知道该怎么回答吗？你能回答西娅的这个问题吗：你怎么知道自己知道的呢？

进一步深入思考题：

❖ 这个问题说得通吗？

❖ 如果你知道某件事情，那么你怎么知道自己知道这件事的呢？

❖ 这个问题和"你是怎么知道的"是一回事吗？

❖ 万老师回答了西娅的第一个问题，这是个好答案吗？

你来提问

❖

❖

❖

哲学关键词：元问题、认识论

有升就一定会有降吗？

彼得·沃利（Peter Worley）

适合年龄：10 岁及以上

约翰尼在扔球玩，他先把球向上高高抛起，然后再接住它。约翰尼想看看自己到底能把球扔多高，于是找了一块空旷的场地，这样向上扔球的时候就不会遇到什么障碍物，上次他玩这个游戏的时候就不小心把球扔到一棵大树上去了。约翰尼还给这个扔球游戏起了个好玩的名字，叫“有升就有降”。

扔了五十次以后，约翰尼将球第五十一次高高抛起，他知道这次比之前任何一次抛得都要高，眼看着球到达了抛物线的顶点，上升速度开始减慢，然后……球竟然在空中静止不动了。就这样，不知为什么球在半空停住了。

约翰尼忍不住大声说了句：“这不可能！”这肯定是幻觉，球一定正在往下掉。于是他并拢双手去接球，但是球并没有往下掉，仍然停留在半空一动不动！

约翰尼忍不住嚷嚷起来：“这不可能啊！扔上去的东西肯定会掉下来的，有升就一定会有降，人人都知道这个道理，这不是定律吗！”

但是球静静地悬浮在空中，不升也不降。约翰尼不知所措地仰望着自己的球，十分抓狂，完全不明白球为什么不掉下来。他仔细看了一下，确认球的周围没有任何线缆或树枝，方圆几百米范围内也没有电线杆、架线塔，甚至连一棵树都没有。那么，到底是什么导致这个球神秘地飘浮在半空呢？

起始问题1：有哪些原因有可能导致球悬浮在半空中？

进一步深入思考题：

❖ 这样的事情在现实中真的有可能发生吗？

❖ 用约翰尼自己的话来说，这个故事不可能发生吗？

❖ “有升就一定会有降”是定律吗？

❖ 约翰尼所谓的“定律”是什么意思（即“物理定律”中的定律）？

❖ 你每次把球扔到半空它都会落下来，于是你据此认定以后将会永远如此，这样想对吗？

❖ 如果过去一直发生某件事情，这件事在未来也一定每次会发生吗？

❖ 太阳在过去的每一天都会升起，这是否意味着太阳在未来也每天都会升起呢？

❖ 宇宙其他地方的物理定律是否会和地球上有所不同？还是所有地方的物理定律都是一样的？

❖ 这个故事是否说明物理定律（在故事中）被打破了？还是可能有完全合理的解释？

❖ “水在摄氏一百度就会沸腾”是定律吗？（请自行查找资料进行研究）

约翰尼诧异、困惑之余飞奔去找自己的好朋友萨拉。幸好，他们赶回那片空地的时候球仍然悬浮在半空纹丝不动。于是约翰尼指着空中的球将整件事原原本本地说给萨拉听。最后他说：“真不知道是什么让球停在半空不动了，看上去好像没什么特别的理由啊。但是肯定得有个理由啊！”

萨拉抬头望着半空的球，然后用司空见惯的态度说：“有些事情就是这样的，没什么特别的理由，发生了就是发生了。”说完，萨拉匆匆走开，去做更有趣的事情了，留下约翰尼一个人张大嘴巴站在那里。只不过这一次让他感到诧异的不再是悬浮在半空的球，而是萨拉那漠不关心的态度。

起始问题 2：球悬浮在半空一定要有个理由吗？还是不需要什么特别的理由？

进一步深入思考题：

❖ 理由有可能不止一个吗？

❖ 什么叫理由？

❖ 一切事情都必须有个理由吗？

❖ 打破砂锅问到底和探本溯源何时才能到达终点？

❖ 有没有哪个理由是所有其他理由的理由？

❖ 你能想到有什么事情是没有理由的吗？

❖ 理由和原因是一回事吗？

❖ 故事里发生的这件事能够证明奇迹的存在吗？

你来提问

❖

❖

❖

哲学关键词：休谟与归纳法所存在的问题、莱布尼茨（Leibniz）及充分理由原则（principle of sufficient reason）、休谟论奇迹

庄生晓梦迷蝴蝶

彼得·沃利（Peter Worley）

适合年龄：10岁及以上，高级

庄子生活在很久很久以前的古代中国，一天晚上他睡觉的时候做了个梦，梦见自己变成了一只蝴蝶，飞舞在花丛中。他在梦中感受到前所未有的自由自在，乘着和煦的暖风一会儿飞到东，一会儿飞到西。庄子觉得自己就是那只蝴蝶，醒来以后才意识到刚才只不过是做个了梦，梦见自己变成了蝴蝶。但是他情不自禁地问自己："不知周之梦为蝴蝶与，蝴蝶之梦为周与？"然后他坐下来给自己倒了杯茶，不再去想这个问题。

起始问题：到底是庄生梦见自己变成了蝴蝶，还是蝴蝶梦见自己变成了庄子呢？

进一步深入思考题：

- 这两种情况他怎么才能区分？
- 我们怎么知道自己现在不是在做梦？
- 我们怎么知道自己知道某件事情呢？
- 被风吹来吹去的蝴蝶真的是自由的吗？

你来提问

-
-

❖

资料来源：《庄子》

哲学关键词：笛卡尔《沉思录》（Meditations，尤其是《第一哲学沉思集》中的梦证论）、认识怀疑论（Epistemological skepticism）、维特根斯坦（Wittgenstein）“风中的树叶”

蝙蝠姑娘

安迪・韦斯特（Andy West）

适合年龄：11 岁及以上

瑞秋和奎西是好朋友。但是对瑞秋来说，奎西只不过是她最好的人类朋友，因为她最最要好的朋友是蝙蝠。她养了一只蝙蝠当宠物，最喜欢的电视节目也是关于蝙蝠的。瑞秋实在是太爱蝙蝠了，于是有一天对奎西说："我对蝙蝠绝对是真爱，我觉得我有时候知道当一只蝙蝠是什么感觉。"奎西哈哈大笑道："哈哈，怎么可能！蝙蝠睡觉的时候是头下脚上倒挂着的，你可是每天晚上都平躺在床上。"瑞秋无话可说，但心底里仍然希望自己知道当一只蝙蝠是什么感觉。于是，那天晚上回家睡觉的时候她也头下脚上地倒着睡。

第二天，她对奎西说："我昨晚是倒着睡觉的，现在我真的知道当一只蝙蝠是什么感觉了！"奎西看着她难以置信地说："你怎么可能知道！蝙蝠看不见东西，全靠回声定位了解周围的环境。"关于这个问题瑞秋思考了很久很久。她觉得奎西说的对，所以那天回到家里以后，她闭上眼睛，竖起耳朵认真听房间里的回声。

第二天她对奎西说："我昨天晚上学会回声定位了，我现在真的知道当一只蝙蝠的感觉了！"

奎西回答："怎么可能！蝙蝠会飞啊！"瑞秋知道奎西说的很对，于是又陷入了沉思。不久她抬起头来对奎西说："可是我坐过滑翔伞啊，我知道飞起来是什么感觉，知道蝙蝠飞起来的那种感觉！"是啊，瑞秋能够倒着睡觉、能够听到房间里的回声，也知道飞翔的感觉，奎西一时无语了。他摩挲着下巴，陷入了沉思。

起始问题：奎西应该说些什么呢？瑞秋真的知道当蝙蝠的感觉吗？

进一步深入思考题：

❖ 人有可能知道当一只蝙蝠是什么感觉吗？

❖ 你必须身为蝙蝠才能知道蝙蝠的感觉吗？

❖ “知道”是否与角度或视角有关？

❖ 动物是否有思想？

❖ 人类是独立于自然秩序而存在的，还是属于自然秩序的一部分？

❖ 第三人称的描述是否足以了解另一个人的思想？还是必须亲身体验才能获取有关的知识？

进一步深入思考题：

❖ 你能知道当你的好朋友是什么感觉吗？

❖ 你的好朋友有可能知道做你的感觉吗？

❖ 如果你把有关自己的事情全都写出来，包括所有相关科学数据，那么你的好朋友读过以后就能知道做你是什么感觉了吗？

❖ 有什么能够让你知道一块石头的感觉吗？（注：虽然这个问题乍看上去说不通，如果你花点时间认真思考的话，还是会有所领悟的）

你来提问

❖

❖

❖

资料来源：改写自托马斯·内格尔（Thomas Nagel）的论文“当一只蝙蝠是怎样的感觉？”（What Is It Like To Be a Bat？）

哲学关键词：感受性、休谟论共情

怀疑论者三步速成法

米洛什·杰莱米克（Milosh Jeremic）

适合年龄：12 岁及以上

第一步：我能相信自己的眼睛吗？

请看下图（或者其他看上去有动画效果的光影幻觉图片）：

图一

❖ 图一中的画面是否在动？你是怎么知道的？

❖ 是你的眼睛告诉你图一中的画面在动吗？

❖ 是你的大脑告诉你图一中的画面在动吗？

❖ 图一中真的有画面在动吗？“真的”是什么意思？

❖ 你在影院里看电影的时候，实际上是以每秒钟 25 帧的速度看静止的画面。你所看到的每一帧画面都是静止的，但是你眼睛看到的却是连续的动作。虽然你的眼睛看到了动图，但是你的大脑知道实际上图画并没有在动。

❖ 所以，你是更愿意相信自己的眼睛还是选择相信自己的大脑？为什么？

第二步：我能相信自己的大脑吗？

请看下面这张荷兰科学思维版画大师埃舍尔（Escher）的瀑布图。

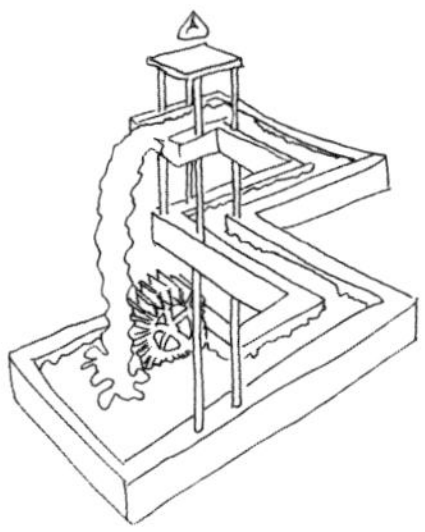

图二

❖ 请描述图二中的画面，这个场景在现实世界中有存在的可能吗？你是怎么知道的？

❖ 你的眼睛看得懂这幅画面吗？你的大脑能够想得通这幅画面吗？

❖ 所以，你应该相信自己的双眼还是相信自己的大脑？为什么？

❖ 你能解释艺术与现实之间的区别吗？

第三步：我能相信别人吗？

请写一篇短文（几个段落即可）回答以下问题："你应该相信自己的眼睛，还是相信自己的大脑？"将你的文章发给五个朋友阅读，请他们用自己的话简要阐述你在文章中的观点。认真阅读他们的阐述文字。

❖ 他们理解你的观点吗？

❖ 你的观点与他们的阐述之间是否有区别？

❖ 有可能做到完全理解他人的观点吗？

你来提问

❖

❖

❖

哲学关键词：怀疑论、认知、理解

三分钟前诞生的宇宙

彼得·沃利（Peter Worley）

适合年龄：11 岁及以上

波迪一边看着手表一边走进房间。几秒钟后他开心地笑起来，然后开始唱歌："祝我生分钟快乐，祝我生分钟快乐，祝我生分钟快乐，祝我生分钟快乐！"唱完以后他继续盯着自己的手表看，然后又开始笑，又开始唱起歌来："祝我生分钟快乐……"

"你在干吗？"姐姐贝楚觉得弟弟唱歌实在是太难听了，终于忍不住问道。

"我在唱歌庆祝自己来到这个世界"，波迪回答。"我是两——哦，不对，是三——分钟前出生的，所以每过一分钟我就要唱一遍生分钟快乐。"

"你这也太扯了！"姐姐发火道。"你怎么会只有三分钟大呢，你已经十岁了！"

"哦，是吗？你怎么知道宇宙和宇宙间的万物不是三分钟之前才突然出现的呢？宇宙间的万物当然也包括我们所有人的全部记忆啊"，波迪淡定地辩驳道。

贝楚认真地思考了一会儿，然后说："这个问题问得很好。但是你为什么要唱生分钟快乐呢？你为什么不唱生秒钟快乐呢？你懂我意思吗？你怎么知道宇宙和包括我们所有人所有记忆在内的宇宙间万物不是三秒钟之前才突然出现的呢？"

波迪赞叹："你说得很有道理啊！我怎么没想到这一点……"于是他又开始唱了起来："祝我生秒钟快乐——哎呀，糟糕！我又得重新开始了：祝我生秒钟快乐——哎呀，不行啊，每过一秒钟我都要从头开始唱！不行，还是我原来的版本靠谱点儿。”于是他又唱开了：“祝我生分钟快乐，祝我生分钟快乐……”

起始问题：波迪说宇宙是三分钟之前诞生的，这个理论有可能是真的吗?

进一步深入思考题：

❖ 波迪应该不再相信自己的理论吗?

❖ 有没有什么充分的理由证明他说的有可能对?

❖ 有没有什么充分的理由证明他是错的?

❖ 能证明他的理论到底是对还是错吗?

❖ 如果无法证明对错的话，有没有什么充分的理由相信他的理论是真的呢?

❖ 他能自由选择相信自己的理论为真吗?

❖ 波迪是否有充分的理由拒绝接受姐姐关于“宇宙三秒钟前诞生”的理论并坚持自己的理论？他的理由是什么？这是个好理由吗?

你来提问

❖

❖

❖

资料来源：英国哲学家、数理逻辑学家、历史学家伯特兰·罗素（Bertrand Russell）

哲学关键词：唯我论（solipsism）、可证伪性（falsifiability）、认识论、宗教的哲学

认识论：认 知

到底有几只狗？

乔治娜·多纳蒂（Georgina Donati）

适合年龄：8 岁及以上

起始问题：数一数图中到底有几只狗？

进一步深入思考题：

❖ 图中真的有狗吗？

❖ 狗的图片是狗吗？

❖ “狗”这个字是狗吗？

❖ 人脑子里想的狗是狗吗？

❖ 狗的照片是狗吗？

❖ 你看到一条狗，那么你看到的到底是狗还是狗的影像？

你来提问

❖

❖

❖

哲学关键词：弗雷格（Frege）及意义与参照、认知、感官数据（sense-data）

戴上玫瑰色眼镜看世界

盖伊·威廉姆斯（Guy J. Williams）

适合年龄：7岁及以上

道具：任何颜色单一的物品，如网球。

哲学活动：

1. 从你身边的物品中找一件看上去颜色单一的东西。
2. 将这件东西放在你面前的桌子上。
3. 然后回答以下问题……

起始问题：这件东西有颜色吗？如果有的话，是什么颜色？

进一步深入思考题：

❖ 你能设计一种方式证明自己的答案吗？

❖ 你如何向别人证明某件物品是有颜色的？

❖ 你如何向别人证明某件物品的颜色是什么？

❖ 什么叫颜色？

❖ 颜色存在吗？

❖ 你能“知道”颜色吗？

❖ 如果就某件物品的颜色进行争论，你能赢吗？

❖ 除了颜色你还能想出别的类似争论吗？

❖ 你怎么知道别人看到的颜色跟你看到的一样？

❖ 你能设计出一个测试证明自己看到的颜色跟别人一样吗？

你来提问

❖

❖

❖

哲学关键词：约翰·洛克（John Locke）物质第一性与第二性理论、感官数据（sense-data）

更多关于颜色的难题

彼得·沃利（Peter Worley）

适合年龄：7岁及以上

盲人的世界

起始问题1：如果世界上所有人和所有动物都看不见东西，那一切还会有颜色吗？

进一步深入思考题：

❖ 颜色在哪里？

❖ 是什么让颜色丰富多彩？

有多少道彩虹？

起始问题2：如果有十个人看到同一道彩虹，那么到底有多少道彩虹？

进一步深入思考题：

❖ 彩虹（或颜色）存在于我们的大脑里还是存在于这个世界？彩虹（或颜色）是否在我们大脑里和这个世界上同时存在？

❖ 如果彩虹（或颜色）存在于我们的大脑里，那会有多少道彩虹？

❖ 如果彩虹（或颜色）存在于这个世界而不是我们的大脑里，那会有多少道彩虹？

非黑既白的思维

狗看到的物体都是黑白色的，而人类看到的物体是彩色的。如果狗和人看同一个物体，狗看到的只有黑白两色，而人看到的是彩色的物体。

起始问题 3：狗和人所看到的物体颜色哪个是正确的呢?

进一步深入思考题：

❖ 狗和人看到的颜色都是正确的吗?

❖ 如果将该物体放在漆黑的房间里面，它会是什么颜色呢?

❖ 如果将该物体放在漆黑的房间里且没有人知道它在那里，它又会是什么颜色呢?

你来提问

❖

❖

❖

资料来源：“盲人的世界”中的问题是八岁的亚马逊提出来的。

哲学关键词：约翰·洛克（John Locke）物质第一性与第二性理论、感官数据（sense-data）

到底是鸭子还是兔子?

哈利 · 亚当森(Harry Adamson)

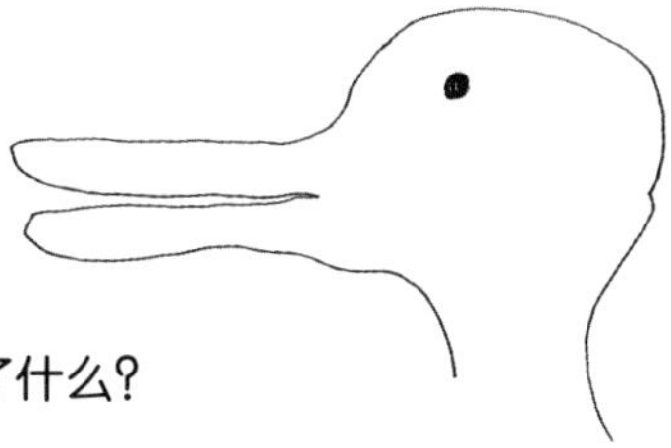

起始问题:仔细看这幅图,你看到了什么?

进一步深入思考题:

❖ 你看到的到底是鸭子还是兔子?

❖ 如果你有时看到的是其中的一种,有时看到的是另外一种,发生变化的是什么呢?是你看到的东西变了吗?

❖ 如果你从未见过鸭子这种动物,那么你会只看到兔子吗?

❖ 如果你既没有见过兔子也没有见过鸭子,那你会看到什么呢?

❖ 这是否意味着你所看见的东西取决于你的所见与所想?

❖ 如果动物或小娃娃没有你的所见所想,这是否意味着他们眼中的世界会和你看到的世界不一样呢?

❖ 拥有不同想法和不同观点的人所看到的世界是否也会不一样?

❖ 我们是否可以抛开自己的所见所想去探讨、谈论这个世界呢?

❖ 如果想要真实、客观地看世界,我们是否必须抛开自己的所见与所想?

❖ 那么,真实的世界到底是什么样子的呢?

你来提问

❖

❖

❖

资料来源：维特根斯坦（Wittgenstein）《哲学研究》（Philosophical Investigations）、康德《纯粹理性批判》（Critique of Pure Reason）

哲学关键词：认知、想法、概念与现实

第三部分

价值或现实存在之要义

价值：道德伦理

青少年的烦恼

安德鲁·戴伊（Andrew Day）

适合年龄：11 岁及以上

试想有一天，你拿起报纸，看到以下这段文字：

“研究表明，只有约 40% 的青少年言行举止像青少年，其他的则不像。”

起始问题：这句话是什么意思？

进一步深入思考题：

❖ 什么叫青少年？

❖ 这项研究是如何进行的？

❖ 这个陈述有可能为真吗？一群人中只有一小部分像这群人？

❖ 有什么会让一群人里的所有人看上去或表现得一样？

❖ 做出如此陈述是否带有偏见？

❖ 讨论这一问题是否带有偏见？

❖ 怎样才叫带有偏见?

你来提问

❖

❖

❖

哲学关键词：维特根斯坦（Wittgenstein）“家族相似性”（family resemblances）

完美的人

戴维·伯奇（David Birch）

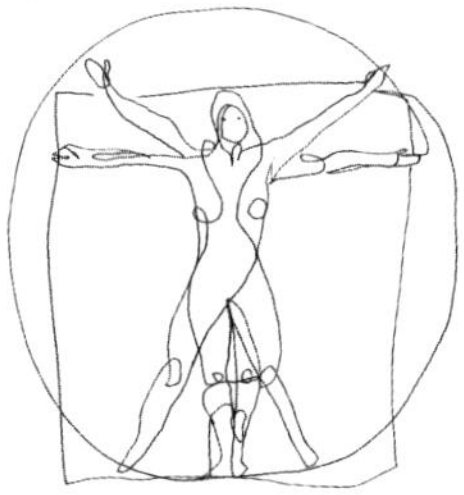

适合年龄：11岁及以上

从前有个才华横溢、雄心万丈的魔法师，在一个春天的上午，她突发奇想要创造出一个完美的人，这样所有人就会把这个完美的人当作自己学习的榜样，不断提高和改善自己。她想：如果世界上所有人都是完美的，那我们就会有一个完美的世界了。

起始问题：你认为这个完美的人会是什么样子？

进一步深入思考题：

❖ 有可能存在完美的人吗？

❖ 什么叫完美？

❖ 什么叫人？

❖ 我们会怎样以完美的人为学习榜样？我们会怎样以完美的人为榜样改善自己？

❖ 所有人都很完美的世界就会是一个完美的世界吗？

你来提问

❖

❖

❖

哲学关键词：发展与可完善性、康德（Kant）、黑格尔（Hegel）、马克思（Marx）、后人类（post-human）与医学伦理（medical ethics）

人肉沙包鲍比

菲利普·盖登（Philip Gaydon）

适合年龄：10 岁及以上

从前有个男孩叫鲍比，他从未感觉过疼痛也永远不会受伤，就算从楼梯上滚下来也绝对没事，把手伸进火里也绝对不会烧伤。他觉得自己非常幸运，因为不管做什么事情都完全不用担心。一天，鲍比班上有个男生打了他一拳，他问那个男生为什么要打他。那个男孩回答："因为你不会感到疼，我今天一肚子气，就想打点什么发泄发泄。"后来大家全都听说了这事，于是心情不好的时候全都来打鲍比，就连其他班的学生不爽的时候也会过来揍他。有些同学会用脚踢他，一年级的小女生会用嘴咬他，六年级的大男生会把他从楼梯上推下去。后来，鲍比再也不去上学了。

起始问题：既然鲍比感觉不到疼痛又不会受伤，那么其他学生揍他是对的吗？

进一步深入思考题：

❖ 那个男孩打了鲍比一拳做错了吗？

❖ 所有人都加入进来打鲍比做错了吗？

❖ 既然鲍比不会疼也不会受伤，你认为他为什么不再上学了呢？

❖ 除了身体上的疼痛，还有其他种类的疼痛吗？

❖ 如果鲍比自己说没关系，那么其他人心情不好就去打他这样做对吗？

❖ 如果打了别人，那么对方是否感觉到疼痛重要吗?

❖ 如果鲍比对别人不好，那么别人可以打他吗?

❖ 如果那个男孩子事先并不知道鲍比感觉不到疼痛，那他打了鲍比一拳做错了吗?

你来提问

❖

❖

❖

哲学关键词：道义论（deontology）、美德伦理（virtue ethic）、效果论（consequentialism）、关于尊重的哲学、康德（Kant）“目的王国”（the kingdom of ends）

谁偷了谁的铅笔？

安·克·格雷灵（A. C. Grayling）

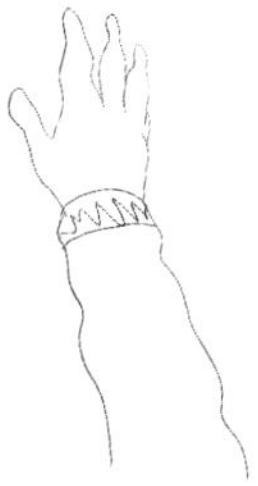

适合年龄：8岁及以上

给老师的建议：如果学生的年龄较小，你可以用以下方法帮助学生更好地理解故事情节：

1. 先读一遍故事给学生听；

2. 在黑板或白板上用画图的方式讲解一遍情节；

3. 请三个孩子用课桌与铅笔演示一遍故事情节；

4. 一句一句地读故事，每读一句就停下来让三个孩子把场景表演出来。把亚历山大的台词写在纸上交给扮演亚历山大的孩子，以保证准确读出这句对白；

5. 然后请三个孩子自己把整个场景演一遍（需要道具但是不需要读旁白）；

6. 如果需要的话，可将全班学生三人一组分成小组重演故事。

场景：约翰看见彼得从亚历山大的课桌上偷了一支铅笔，他刚要去跟亚历山大说这件事，结果亚历山大正好打开课桌发现自己的铅笔不见了。他说：“哦，太好了！我刚想把那根铅笔扔掉呢，有人把它拿走了，正好省事了。”

于是约翰什么都没有说。但是彼得刚一走出教室，约翰就走到彼得的课桌前拿走了那根铅笔，然后没跟任何人说就留下自己用了。

起始问题：既然铅笔是亚历山大本来就不想要的，那么彼得拿走这支铅笔做错了吗？

进一步深入思考题：

❖ 如果彼得拿了不属于自己的铅笔本身就是错误的，然后约翰得知亚历山大本来就不想要这支铅笔，所以从彼得那里拿走了铅笔，那么约翰做错什么了吗？

❖ 在这种情况下，有什么正确的原则是彼得和约翰都应该遵守的吗？

❖ 如果有的话，彼得和约翰在这种情况下应该遵循什么样的规则或原则才算做得对呢？

❖ 如果彼得知道亚历山大不想要那根铅笔，他偷走这根铅笔就没问题吗？

❖ 既然铅笔是彼得偷来的，那么约翰的行为也是偷窃吗？你能偷走一件本来就是偷来的东西吗？

你来提问

❖

❖

❖

哲学关键词：道义论（deontology）、美德伦理（virtue ethic）、效果论（consequentialism）、康德（Kant）“道德法则”（moral law）与“绝对命令”（categorical imperative）

一人做错全班受罚

迈克尔·汉德（Michael Hand）

适合年龄：5 岁及以上

美术课快下课的时候，加雷斯不小心把颜料洒到地上了。布伦特老师没看到是谁干的，加雷斯也没有站出来说是自己干的，于是老师决定课间休息的时候罚全班留下来打扫卫生。唐恩对老师说："要全班人都跟着受罚，这不公平！"

起始问题：唐恩说惩罚全班同学不公平，他说的对吗？

进一步深入思考题：

❖ 公平对待与不公平对待之间有什么差别？

❖ 让每个人都对自己的行为负责，这样做在任何情况下都是公平的吗？

❖ 让一个人对别人的行为负责，这样做公平吗？

❖ 一个团体应该为其成员的行为负责吗？

❖ 唐恩说老师在惩罚全班同学，他这么说对吗？

❖ 惩罚与苦差事之间有区别吗？

❖ 如果老师并非在惩罚全班同学，只是要大家留下来打扫泼洒在地上的颜料，这是否就不能说是不公平了呢？

你来提问

❖

❖

❖

哲学关键词：关于惩罚的哲学、公正与公平（justice and fairness）

千钧一发之际

彼得·沃利（Peter Worley）

适合年龄：11岁及以上

情景一

在遥远的未来，警察会用一种全新的方式打击犯罪行为。虽然罪犯会和今天一样受到惩罚，但实际上不会有任何受害者，因为警察会动用时间机器回到过去，趁罪犯还没有犯罪的时候将其绳之以法。他们会乘坐时间机器，在“准罪犯”即将犯案那一瞬间赶到现场抓人。比如，正当一个人举起尖刀刺向受害者、但是刀尖尚未碰到受害人的一刹那，警察会及时赶到。

之所以会选择这样千钧一发之际赶到现场，是因为警察部门相信这样做可以保证“绝对没有一丝疑问”，因为如果警方不插手罪犯就一定会犯下罪行。就这样，准罪犯在真正动手之前便已束手就擒，然后被带回现在（也就是准罪犯的未来）关进监狱。

起始问题1：请将你在故事中注意到的时间旅行问题暂且放在一边，思考警察逮捕“准罪犯”的做法对吗？

进一步深入思考题：

❖ “准罪犯”应在道德上对其犯罪行为负责吗？

❖ 在什么样的条件下才能让一个人在道德上为某个行为负责？

❖ 一个人应该为自己将要做但实际上还没做的事情负道德上的

责任吗？

进一步深入思考题：

❖ 如果时间旅行不可能实现（比如会导致无解的矛盾），那么上述思维实验从道德责任角度来说是否纯属多余？

情景二

在未来，创建心理档案的科技飞速发展，心理学家因此能够准确预测任何一个人在未来二十四小时内的行为举止，准确率高达99%。

起始问题 2：如果测试结果表明某人即将犯下严重罪行，虽然此人尚未有任何实际犯罪行为，仍应根据测试结果逮捕此人吗？

进一步深入思考题：

❖ 如果能够百分百预测每个人的行为且预测结果显示某人一定会犯罪，我们能仅凭预测结果就逮捕并惩罚此人吗？

你来提问

❖

❖

❖

资料来源：菲利普·迪克（Philip K. Dick）所著短篇小说《少数派报告》（Minority Report），斯皮尔伯格执导了同名电影。

哲学关键词：决定论（determinism）、自由意志及道德责任、思维实验的本质

实话，说还是不说？

彼得·沃利（Peter Worley）

适合年龄：9 岁及以上

朋友给你看了一幅她自己画的画，问你感觉怎么样，然后满怀期待地等着你回答。而你认为这幅画画得不是很好。

起始问题：你应该跟朋友实话实说吗？还是应该告诉朋友画得很好？

进一步深入思考题：

❖ 如果你说画得很好，这算不算是说谎？

❖ 什么叫谎言？

❖ 如果你说了谎，那么你算是有礼貌吗？

❖ 礼貌与说谎是否兼容？

❖ 如果你保持沉默，那么你是在说谎还是在说实话？

❖ 礼貌与说实话哪一个更重要？

❖ 讲礼貌会是错的吗？

❖ 说谎有对的时候吗？

❖ 请阅读“我们为什么要说话？”，小海豚应该对鲨鱼实话实说吗？还是应该听从大海豚的建议对鲨鱼保持礼貌？

你来提问

❖

❖

❖

资料来源：该例子是十一岁的莫妮卡想出来的。

哲学关键词：康德的道德法则、关于说谎的哲学、真相与礼貌、康德的绝对命令（categorical imperative）

幸与不幸

彼得·沃利（Peter Worley）

适合年龄：7 岁及以上

请看以下两个类似的场景：

西蒙喜欢玩扫帚，一会儿拿它当女巫的扫帚，一会儿拿它当骑士的长枪，一会儿拿它当星球大战里的光剑。妈妈每次都告诉他要把扫帚收好："不然会有人绊倒受伤的。"

那天是星期一，西蒙把妈妈的话全都忘到脑后了，玩完扫帚就把它扔在楼梯下面。虽然这个地方很危险，但是幸运的是那一天并没有人因此受伤。

起始问题 1：很幸运没人受伤，那么你认为西蒙把扫帚扔在楼梯下面这件事做错了吗？

进一步深入思考题：

❖ 没有人受伤与西蒙是否做错事有关系吗？

如果上述情景完全一样，只有一点不同：西蒙还是把扫帚扔在同样的地方，这次妹妹从楼梯上走下来的时候没有看到西蒙乱扔的扫帚，被绊倒在地受了伤，最后还被送进医院缝了几针。

起始问题 2：在两个情景中西蒙所做的事情一模一样，你认为他在哪个情境中错的更多？还是在两个情境中错的一样？

进一步深入思考题：

❖ 在这两种情况下他所受的惩罚应该有所不同吗？

❖ 如果妹妹受的伤比去医院缝针还要严重，那么这会让西蒙的错误程度也更加严重吗？

❖ 做某件事是好还是坏，取决于运气吗？

星期五的时候，西蒙的弟弟安德鲁跟球队一起踢球。实际上他并不是个好球员，但是因为球队人手短缺，所以就派他上场了。比赛还有几分钟就要结束了，对手是另外一个学校的球队，比分还是零比零。此时，西蒙所在的球队控球，这是关键时刻，如果这一球没进的话，他们就会被淘汰出局，无缘整个赛季的比赛；如果这一球进了的话，他们甚至有希望争夺联赛冠军的奖杯。还剩最后三十秒！安德鲁站在对方球门附近，整个人都是懵的，不知道发生了什么，也不知道球在哪里。突然，球不知从什么地方飞过来，砸在安德鲁的头上，然后正好弹进了对方的球门！于是他的球队取得了本场比赛的胜利，观众和队友们都在为安德鲁欢呼。几个星期以后，他们赢得了联赛冠军，队长在获奖感言中还专门提到了安德鲁所做的贡献。

起始问题 3：安德鲁配得上这种英雄般的地位吗？

进一步深入思考题：

❖ 如果球飞过来的时候安德鲁没有站在当时的位置上，球队就不可能赢球。这是否意味着他就是英雄呢？

❖ 一个人什么时候才配得到荣誉？为什么？

❖ 仅凭运气得到的荣誉是应得的荣誉吗？

❖ 什么叫运气？

你来提问

❖

❖

❖

资料来源：改写自托马斯·内格尔（Thomas Nagel）的论文“道德运气”（Moral Luck）中“失职的司机”一例

哲学关键词：“道德运气”概念、托马斯·内格尔（Thomas Nagel）、康德的道德哲学、伯纳德·威廉姆斯（Bernard Williams）

啥都没干的后果

彼得·沃利（Peter Worley）

适合年龄：9 岁及以上

安格斯和马科姆本来是很要好的朋友，后来因为一点小事闹僵了，于是像所有闹了别扭的好朋友那样，安格斯对马科姆充满了怨恨。一天在教室里，安格斯看到有个女生漫不经心地拖走了马科姆身后的椅子，而马科姆此时刚好想要坐下。那个女生不知道马科姆要坐下，不过安格斯知道，于是他本能地伸出一只手想要拉住马科姆，想要告诉他椅子被人抽走了，这时如果提醒马科姆的话还来得及。但是他转念一想，这不正是羞辱马科姆的大好机会吗？

于是，安格斯什么都没有说，什么都没有做。

毫不知情的马科姆一屁股坐了下去，结果结结实实地摔个了屁股墩。虽然摔得很疼，但是与在全班同学面前受到的羞辱相比，身体上的疼痛根本就算不了什么。

后来班主任把安格斯叫到办公室，说马科姆之所以受伤全都是他的错。安格斯不满地抗议道：“但是我啥都没干啊！”

起始问题：安格斯真的啥都没干吗？

进一步深入思考题：

❖ 你什么都没有做这实际上也是在做事吗？

❖ 什么都不说、什么都不做也要承担责任吗？

❖ 什么叫做事？

❖ 中国道教思想有个原则叫“无为”，即无所作为，是什么意思？是废话还是大有深意？

❖ 如果安格斯故意抽走椅子让马科姆摔跤，这跟别人拖走了椅子而他假装没看见相比哪个更糟糕？

❖ 那个女生应该为马科姆摔伤负责吗？她才应该是那个挨训的人吗？

❖ 什么叫伤害他人？

❖ 什么叫伤害？

❖ 安格斯伤害了马科姆吗？

你来提问

❖

❖

❖

哲学关键词：不作为行为（acts by omission）、关于行动的哲学

好心办坏事

彼得·沃利（Peter Worley）

适合年龄：9 岁及以上

一天，阿迪里奥步行去商店的路上看到一个人迎面走来。这人身穿黑色裤子和黑白条纹上衣，脸上戴着黑色眼罩，头上戴着黑色平顶帽，手里拎着一个空袋子，袋子上写着两个大字“赃物”。看到阿迪里奥，这个人停下脚步，非常有礼貌地问：“对不起，打扰一下，请问去海德尔街怎么走？”阿迪里奥的家就在海德尔街，所以知道去那里的路该怎么走。这时他想起邻居彼得家那天刚好在开化妆派对，所以觉得问路的人一定是去参加派对的。于是阿迪里奥跟他详细说了该怎么走，那个人道谢之后就朝阿迪里奥所指的方向走去。阿迪里奥也继续赶路，一边走一边想着那个人酷炫的打扮，忍不住笑了起来。

阿迪里奥从商店回来以后，刚拐到海德尔街就看到刚才问路的那个人迎面跑过来，匆匆忙忙地和他擦身而过。他注意到那个人手里拎的袋子已经变得鼓鼓囊囊的，回到家才听说邻居彼得家刚刚被人打劫了。惊慌之余，阿迪里奥意识到给那个抢劫犯指路的不是别人，正是他自己！几天后警察抓到了那个抢劫犯，发现他从彼得家里抢到的东西有一部分还放在赃物袋里，其他的有不少已经被卖掉了。

起始问题：阿迪里奥为抢劫犯指路是不是做了错事？

进一步深入思考题：

❖ “做错事”可以分为不同的种类吗？

- ❖ 阿迪里奥应该为抢劫事件负责吗?
- ❖ 他应该为抢劫事件而受到惩罚吗?
- ❖ 彼得应该生阿迪里奥的气吗?
- ❖ 阿迪里奥是导致抢劫事件的原因吗?
- ❖ 你会因为自己无意中做的事情而在道德上为某事负责吗?
- ❖ 阿迪里奥想要彼得被人抢劫吗?
- ❖ 抢劫事件让阿迪里奥变成坏人了吗?
- ❖ 说某人要为某事负责是什么意思呢?

你来提问

❖

❖

❖

哲学关键词：意外后果、效果论（consequentialism）、康德与“善良意志”（good will）

神秘博士的死敌是好人?

彼得·沃利（Peter Worley）

适合年龄：9 岁及以上

在英国有一部长盛不衰、风靡了几代人的电视连续剧《神秘博士》(Doctor Who)，故事中最大的反派就是邪恶的戴立克(Dalek)，他们是神秘博士的死敌，唯一目标就是要统治整个宇宙，将所有生物变成自己的奴隶。控制、摧毁、奴役，这就是他们的全部生存意义。看到这里，你或许会想：原来戴立克只会带来毁灭。但事实却并非如此。

实际上，戴立克还起到了以下作用：很多原本战火纷飞的星球停止了战争，团结起来一起向戴立克宣战；宇宙间有很多物种原本势不两立，现在却因为要团结起来对抗戴立克而变得能够和平相处。换言之，从某种意义上说，戴立克成功地终结了宇宙间很多物种之间的战争。

起始问题：这是否意味着戴立克是好（机器）人?

进一步深入思考题：

❖ 什么叫好?

❖ 戴立克本来想要征服整个宇宙，结果却扮演了一个意想不到的角色，那么他们做的是好事吗?

❖ 你本来想要做坏事却出现了意想不到的好结果，这可能吗?如果可能的话，好结果就能让当初的行为（控制、摧毁、奴役）也变好了吗？

你来提问

❖

❖

❖

资料来源：英国科幻电视剧《神秘博士》（Doctor Who）、《戴立克的起源》（The Genesis of the Daleks）

哲学关键词：意外后果、效果论（consequentialism）、道义论（deontology）、康德（Kant）与“善良意志”（good will）

不高兴先生挠痒痒

戴维·伯奇（David Birch）

适合年龄：7岁及以上

你有没有试过自己挠自己的痒痒？不高兴先生就试过。这位全世界最不高兴的先生很喜欢挠痒痒，但是他又不喜欢跟人打交道，所以每天只能待在家里自己给自己挠痒痒。他试过挠脚心，还特意模仿蜘蛛爬过脚心的感觉，然后爆发出一阵大笑声。但他很快就意识到自己挠自己的脚心根本就一点儿也不痒。于是他找了一根羽毛轻轻地挠自己的下巴，结果还是没用。好吧，的确是有一点儿痒，但是很不过瘾。有一次不高兴先生用鸡毛掸子去搔自己的胳肢窝，结果连哼都没哼一声。此外，他还试过挠自己的腰，没用！用自己长长的胡须去挠耳朵，没用！趁自己不注意的时候挠自己痒痒，还是没用！因为就算是最出其不意的时候他也知道自己什么时候会来挠自己痒痒……

就这样，不高兴先生知道了一件他最不想知道的事情：他不能自己挠自己的痒痒！如果他想得到挠痒痒那种咯咯笑的乐趣，唯一的办法就是不要整天不高兴，要出去交朋友，而且最好是交一个手指细长的朋友。

起始问题：是不是只有别人来挠痒痒的时候我们才会笑？

进一步深入思考题：

❖ 我们为什么不能自己挠自己痒痒？

❖ 如果整个世界只剩你一个人怎么办?

❖ 我们需要别人吗?

❖ 我们交朋友只是因为我们需要朋友吗?

❖ 用别人来满足自己的需要没问题吗?

❖ 全世界最不高兴的先生能不靠别人活着吗?他需要别人吗?如果需要的话,他什么时候需要别人呢?

❖ 什么会让人不高兴?

❖ 有可能让一个不高兴的人不再不高兴吗?

❖ 为什么挠痒痒很有趣?

❖ 为什么挠痒痒很可怕?

❖ 为什么会有一件事既有趣又可怕?

你来提问

❖

❖

❖

哲学关键词:唯我主义(solipsism)、友谊、康德(Kant)“目的王国”(the kingdom of ends)

不高兴先生写诗

彼得·沃利（Peter Worley）

适合年龄：7 岁及以上

一天，不高兴先生写了一首诗：

快乐与悲伤（选自《7 岁开始的哲学思维启蒙》）

我非常痛恨快乐，
因为它让我不爽。
如果有人欢笑，
我就很想骂娘。

他们全都跟我说：
人人都想要快乐，
这点我可不同意，
快乐它不适合我！

如果每个人都快乐，
这会让我情绪低落；
因为伤心愁眉紧锁，
我从未如此快乐过。

起始问题：悲伤会让你感到快乐吗？

进一步深入思考题：

❖ 什么叫快乐？

❖ 什么叫悲伤？

❖ 他人的快乐会让你感到悲伤吗？

❖ 你自己的快乐会让你感到悲伤吗？

❖ 你觉得这首诗里提到的那个人感受过快乐吗？

❖ 如果他感受到快乐会改变主意吗？

❖ 每个人都想要快乐吗？

❖ 这首诗的最后两句“因为伤心愁眉紧锁，我从未如此快乐过”说得通吗？

❖ 你是否能够享受悲伤？

你来提问

❖

❖

❖

资料来源：彼得·沃利（Peter Worley）与安德鲁·戴伊（Andrew Day）合著的《7岁开始的哲学思维启蒙》（Thoughtings）一书

哲学关键词：快乐的本质

小蝌蚪和大梭鱼的故事

戴维·伯奇（David Birch）

适合年龄：7 岁及以上

你听过小蝌蚪和大梭鱼的故事吗？那是最不可能的友谊。它们相遇的那一天，小蝌蚪又迷路了，这是它有生以来迷得最迷糊的一次。

小蝌蚪总是走丢，不过它很享受在小溪里到处探索、发现新奇东西的过程。因为小蝌蚪初来乍到，看什么都新奇，这个世界对它来说是全新的。我们要是到了一个新的地方也会迷失方向的。小蝌蚪总是走丢，不过它喜欢这样，总是说：“只有迷路你才能有所发现。”

有一天，小蝌蚪又迷路了！这一次迷得完全不知南北东西。夜幕降临，小溪也渐渐变暗，小蝌蚪仍在四处游荡，想要找到回家的路。小溪变得非常安静，大多数鱼现在都在睡梦中了。小蝌蚪开始害怕了。就在这时，一条梭鱼游了过来。

一般来说，大多数梭鱼肯定会把蝌蚪当夜宵一口吃掉，所以如果小蝌蚪够聪明的话是绝对不会去向梭鱼问路的。但小蝌蚪真的去问了（它太小，还不知道什么会吃掉自己）。

看到有只小蝌蚪径直游过来，大梭鱼的第一个念头就是“啊呜”一口吃掉它。但当这个小小的两栖动物游近的时候，梭鱼的内心突然涌起一股奇怪的柔情。

“你需要帮忙吗？”它问。

“我走——走丢了，我不——不知道我——回家——家的路”，小蝌蚪结结巴巴地说。

“你住小溪哪里？”

“我——我住紫——紫色石头那边。你知——知道紫——紫色石头吗？”小蝌蚪连声音都在发抖。

“紫色石头？我当然知道。跟我来，小个子”，梭鱼友好的说。

“噢，谢谢你，谢谢你！”

从此，小蝌蚪和大梭鱼成了最好的朋友。它们每天都会在小溪中一起玩，比赛游泳，一起探索没去过的地方，玩泥巴大战，一起看头顶水面上被雨点激起的涟漪。

那天，它们玩累了，一起躺在溪底，梭鱼转过身来对小蝌蚪说：“让我们发誓永远做朋友吧，永远都不变。”

小蝌蚪笑着对梭鱼说：“我发誓，永远做朋友。”

但是，小蝌蚪后来变了，它们并没有永远做朋友。小蝌蚪长大以后，不仅身体变大了，还长出了前腿，尾巴也变成了后腿，不久就能爬出小溪。这时它发现自己不再是小蝌蚪，而变成了青蛙。

于是青蛙不再把所有的时间都花在小溪中。有了新腿以后它能在空中跳跃，跳得很高很高，就像是在飞翔一样。它喜欢在植物中跳跃，喜欢离开地面跳到空中。它喜欢这种越跳越高所带来的刺激。

随着时间的推移，青蛙拜访梭鱼和小溪的次数越来越少。它交了不少青蛙朋友，发现在外面玩比在小溪里有趣得多，因为在小溪外可以弹跳到空中，还可以捉苍蝇。到最后，青蛙就不怎么想梭鱼了。

一天下午，青蛙玩累了回到小溪里休息的时候看到梭鱼从旁边游过。

“你好！”青蛙叫道，但梭鱼继续往前游。“你好！”青蛙又重复道，这次更大声了。但梭鱼仍然继续往前游。

青蛙追了上去：“梭鱼！是我啊。”

梭鱼突然转过身，厉声问道：“你是谁？”

“是我啊。你肯定记得我的，对吗？”青蛙困惑地问。

“我只记得曾经有个小蝌蚪是我的朋友”，梭鱼冷冷地回答。

“那是很久以前的事了”，青蛙说。

“你保证过我们永远做朋友的，你保证过你永远都不会变的。”

“我现在喜欢去小溪外面玩。我有新朋友了。”

“但是你发誓永远都不会变的！”梭鱼发飙道。

“可是我变了啊，我不再是小蝌蚪了”，青蛙解释道。

“你发过誓的！”

青蛙伤心地看着梭鱼，不知道自己还能说些什么。

有那么一瞬间，梭鱼的内心闪过了对青蛙的一丝旧情，它想说些温暖的话，但很快又硬起了心肠。

“我当时真该一口吃掉你。”梭鱼说完便游走了。

起始问题1：小蝌蚪打破了承诺，它做错了吗？

进一步深入思考题：

❖ 梭鱼是否对小蝌蚪的期望太高？

❖ 青蛙为了兑现自己的承诺应该继续和梭鱼做朋友吗？

❖ 青蛙是否有理由不跟梭鱼继续做朋友？

❖ 变化是坏事吗？

❖ 你可以制止变化吗？

❖ 什么叫变化？

起始问题2：好朋友是不是应该直到永远？

进一步深入思考题：

❖ 有什么是永恒的吗？

❖ 为什么要朋友？

❖ 什么叫朋友？

你来提问

❖

❖

❖

哲学关键词：关于友谊的哲学、关于变化的哲学、亚里士多德、美国文学家爱默生（Ralph Waldo Emerson）、法国哲学家西蒙娜·薇依（Simone Weil）

（罗茜予　译）

菲利与索菲照顾鸡蛋

菲利普·科威尔（Philip Cowell）

适合年龄：5岁及以上

索菲一整天走哪儿都带着那个鸡蛋，她知道鸡蛋非常脆弱，所以下定决心在剩下的几个小时一定要加倍小心不让鸡蛋破碎。这时菲利走了过来，他们两个很开心地聊了会儿天。索菲很想去上厕所，于是问菲利是不是能帮她照看一下鸡蛋，菲利一口答应下来。索菲临走千叮万嘱地说："千万要小心啊！"菲利拿着鸡蛋走进厨房，看到一个装鸡蛋的盒子，里面有五个鸡蛋和一个空格，知道自己手里的鸡蛋原来是放在这里的。他觉得拿着鸡蛋到处走很不方便，所以就把索菲交给他的那个鸡蛋放回盒子里，然后心不在焉地把放鸡蛋的盒子转了几个圈。索菲回来以后马上就问菲利要鸡蛋。只见菲利指了指鸡蛋盒，满脸困惑，什么话都没说，因为他记性不好，完全不记得盒子里面哪一个是索菲当初交给他的那个鸡蛋了！

起始问题：菲利好好照顾鸡蛋了吗？

进一步深入思考题：

❖ 照顾是什么意思？

❖ 打破东西算是好好照顾吗？

❖ 如果索菲从鸡蛋盒里随便拿一个鸡蛋，这样做可以吗？她拿的是哪个鸡蛋很重要吗？

❖ 索菲有多大几率能够拿到自己照顾了一整天的那枚鸡蛋？

❖ 你会对不起一个鸡蛋吗？

❖ 鸡蛋是有生命的吗？

❖ 索菲有理由感到不高兴吗？

你来提问

❖

❖

❖

哲学关键词：关于照顾的道德规范、身份与个性、责任、公民权、他人的存在

男生还是女生？

戴维·伯奇（David Birch）

适合年龄：10岁及以上

每个星期三詹姆斯去上学的时候都会穿裙子、戴耳环，管自己叫“詹米玛”，而且大部分时间都和女生　起说话　起玩。每个星期三詹姆斯都对别人说自己是女生。

其他时候詹姆斯就叫詹姆斯，不穿裙子也不戴耳环，大部分时间都会和男生一起说话一起玩。只有星期三的时候不一样。

詹姆斯的一个朋友对此感到既好奇又困惑不解，于是问他：“你是男生，为什么要假装自己是女生呢？”

詹姆斯回答：“星期三的时候我不是男生是女生！”

朋友十分不解：“但你就是男生啊，你的身体就是男生的身体啊。”

詹姆斯思索片刻，问他的朋友：“你最喜欢做什么？”

朋友回答：“弹钢琴。”

“但是你的手很小，比一般人的手都要小很多，所以弹和弦的时候很困难，有些和弦根本就弹不了。那么，就算你没有钢琴家的手，但这是不是就意味着你不能当个钢琴家呢？”

朋友听了感到很受伤：“怎么会呢！当钢琴家跟手大手小根本就没有关系！最关键的是看你怎么运用自己的双手、怎么弹琴、弹得怎么样。当个钢琴家可不是光看手就行的。”

于是詹姆斯说：“那我也一样啊，我觉得当个女生也不是光看身体就行的。星期三的时候我就是想当女生，我这么做是因为我想这么做。”

起始问题：詹姆斯星期三的时候是女生吗？

进一步深入思考题：

❖ 男生和女生之间的区别仅限于身体上的不同吗？

❖ 如果你的衣着打扮和行为举止像男生或女生，这就意味着你是男生或女生吗？

❖ 你对詹姆斯对朋友说的那番话怎么看？你认为他说的对吗？

❖ 如果当个男生或者女生不是光看身体就行的，那我们该怎么知道自己是男生还是女生呢？我们怎么才能变成男生或者女生呢？

❖ 什么叫女生？

❖ 什么叫男生？

你来提问

❖

❖

❖

哲学关键词：生物决定论、波伏娃（Simone de Beauvoir）《第二性》、朱迪斯·巴特勒（Judith Butler）关于“角色扮演”的观点、酷儿理论（queer theory）

长生不老药

米莉安·克里斯托菲迪斯（Miriam Cohen Christofidis）

适合年龄：11岁及以上

注意：与孩子们讨论有关死亡的话题时要小心、谨慎，但是不要害怕讨论这个问题。

科学家一直都在努力研发新药和新的治疗手段，治疗各种疾病并延长人类的寿命。现在假设有一天他们找到了终极解决方案，发明出一种长生不老药，任何人服用此药即可长命百岁、永远不死。萨莉拿到了一颗这样的药，刚要服用的时候突然开始担心起来，不知道吃下去究竟会怎样。她想：如果每个人都吃这种药，那就不会有什么问题。请问她这样想对吗？

起始问题：如果所有人都不会死，这个世界是不是会变得更好？

进一步深入思考题：

❖ 所有人都服用长生不老药与自行选择是否服用，这两种情况哪个更好？

❖ 如果这种长生不老药数量有限，可以只让某些人服用吗？还是应该不让任何人服用？如果只让某些人服用，应该如何选择哪些人可以服用呢？

❖ 如果死亡是件不好的事情，那谁应该去做这件不好的事情呢？

❖ 如果死亡并非不好的事情，那我们为什么还想要避免死亡呢？

❖ 应该允许科学家研发新药和新科技让人类做到永远不死吗？

❖ 我们是否真的可以想象没有死亡的生活？这样的生活和我们现在的生活相比会有很大的不同吗？

❖ 这一思维实验是否不可能完成？

你来提问

❖

❖

❖

哲学关键词：价值、本质、公正、思维实验的本质

查理的选择

彼得·沃利（Peter Worley）

适合年龄：9 岁及以上

查理遇上了一个大难题。他的老师有一支颇具纪念意义的钢笔，是老师的好朋友送的，但这支钢笔有一天被人偷了。查理知道是谁干的，偷钢笔的正是他的好朋友哈基姆。老师挨个找全班同学谈话，询问他们是否知情，现在轮到查理要去见老师了，他不知道该怎么做。如果告诉老师实情，那他就犯了“永远不要告发朋友”这条戒律；但是如果不跟老师说实话，他就违背了“必须永远诚实”这个规定。这些戒律和规定对查理来说非常重要，如果可能的话，他两个都不想违背。况且查理很喜欢这个老师，非常希望老师能够找回自己的钢笔。

起始问题 1：查理应该选择怎么做？他应该如何决定？

进一步深入思考题：

❖ 回答起始问题 1 的时候，请问一下你自己：你的回答是否违反了查理认为至关重要的两条规定？

规定一：永远不要告发朋友；

规定二：必须永远诚实。

❖ 如果查理必须做出选择的话，这两条规定中哪一条更加重要？他怎么才能判断哪一条更重要呢？

❖ 如果他认为两条规定同样重要，那他该怎么办呢？

❖ 查理遵守的这两条规定都是好规定吗？

❖ 怎样才能有最好的结果？结果好是否比遵守规定更加重要？

❖ 什么样的选择会让他成为自己认为应该成为的那种人？他应该成为什么样的人？

最后，查理想破了脑袋也想不出该怎么办，所以他最后决定不做任何选择。

起始问题 2：查理能做到不选择吗？

进一步深入思考题：

❖ 当你面临选择的时候，你能做到不选择吗？

❖ 如果你不做选择，这是否也是一种选择呢？例如：妈妈问你和你的朋友们想去看电影还是游泳，八个人中有六个选择游泳，你两样都没选，那么你到底有没有做出选择呢？

❖ 选择有不同的种类吗？

❖ 什么叫选择？

你来提问

❖

❖

❖

资料来源：根据作者的真实经历。感谢乔治娜的提问，她的问题是："可以选择不选择吗？"

哲学关键词：道德难题

美德与责任

彼得·沃利（Peter Worley）

适合年龄：9 岁及以上

阿蕊特（Arete）和迪杨（Deon）是好朋友，但是她们两个人的性格完全不一样。阿蕊特家境富裕，成长道路十分顺利，因此心地善良、乐于助人。迪杨从小过得不是很好，所以为人比较自私，也不喜欢当好人，不喜欢帮助别人。

但是迪杨非常喜欢阿蕊特，希望自己也能够像她那样，于是她决定要向阿蕊特学习。就这样，虽然迪杨本性自私，但她努力向阿蕊特靠拢。每次看到身边有人需要帮助的时候，虽然她自私的本性告诉她："这不关我事儿！"，但她还是能抑制住这种本能，用意志力迫使自己尽量多去帮助别人，虽然她实际上并不以助人为乐趣。

去年，学校首次颁发了"模范学生奖"，得奖者是阿蕊特。今年，校方要在迪杨和阿蕊特之间做出选择。

起始问题 1：迪杨和阿蕊特谁应该获得今年的"模范学生奖"？

进一步深入思考题：

- 你为什么会这么选？
- 迪杨付出努力了吗？
- 阿蕊特付出努力了吗？
- 她们付出多少努力与谁应该得奖之间有关系吗？

❖ 她们的本性与付出的努力这两个因素之间哪一个更加重要？

负责评奖的老师宣读了有关阿蕊特和迪杨做好事的统计数据。截止到年底为止，阿蕊特 85% 的时候表现善良、乐于助人，迪杨则只有 70% 的时间有助人行为；去年，两个人的数据分别为 85% 和 25%。与去年相比，阿蕊特今年的表现仍然十分出色，但并没有进步，而迪杨则进步很大，但总的成绩并未超过阿蕊特的表现。

起始问题 2：看了统计数据以后，你认为迪杨和阿蕊特谁应该获得今年的“模范学生奖”？

进一步深入思考题：

❖ 统计数据是否改变了你对问题的看法？为什么？

❖ 正如一个十岁男生所指出的那样，迪杨进步了 50%，而阿蕊特则一直原地踏步；但与此同时，阿蕊特的良好表现率为 85%，大大超过了迪杨的 70%。那么，进步和实际表现哪一个更重要呢？

如果阿蕊特得奖的话，后续发展会是这样的：她会把奖让给迪杨，因为她更愿意看到迪杨的付出和努力得到回报。相比自己得奖，看到迪杨得奖更能让阿蕊特感到高兴。

如果迪杨得奖的话，后续发展会是这样的：她不会把奖让出去，而是会自己留下，因为她认为尽职尽责比天性善良更为重要，认为这个奖是自己应得的。此外，她还认为与慷慨大方或者礼貌相比，诚实更加重要。如果她把奖项让给阿蕊特，这会显得好像是她想要个好名声、想要在人面前表现自己一样。

起始问题 3：你更喜欢迪杨还是阿蕊特？为什么？

进一步深入思考题：

❖ 同样是帮助他人，天性善良与基于责任而表现良好，这两种情况哪一种更好？

❖ 什么叫责任？

❖ 迪杨不把奖让出去是自私的行为吗？

❖ 迪杨是否在自我夸耀？

❖ 阿蕊特把奖让给迪杨是否为了想要个好名声、想要在人面前表现自己很好？

❖ 诚实比慷慨大方或礼貌更加重要吗？

❖ 如果阿蕊特出于这个理由没有把奖让给迪杨，她这么做是自私的行为吗？

❖ 如果阿蕊特得了奖但是让给了迪杨，这是否意味着迪杨赢得了奖励呢？

❖ 如果你在帮助别人的时候感到很快乐，那么你帮助他人这个行为是否自私？

你来提问

❖

❖

❖

资料来源：为十岁的卡特里娜而作

哲学关键词：亚里士多德与美德伦理（arete，音“阿蕊特”，在古希腊语中意为“美德”，）、康德与道义论（deontology，前缀 deon，音“迪杨”，在古希腊语中意为“责任”）

路易斯的善恶探测器

彼得·沃利（Peter Worley）

适合年龄：10 岁及以上

路易斯很喜欢发掘化石，每个周末都会带上他的化石锤到海滩上去敲敲打打，寻找藏在化石里的史前生物。每当他敲开一块岩石，发现里面灭绝已久的动物残骸，路易斯都会忍不住浮想联翩。此外，他还有一个金属探测器，可以用来寻找硬币，满心希望有朝一日能够找到一个大宝藏！

路易斯的妈妈是个超级科学家。在妈妈的帮助下，路易斯成功发明出一种可以探测善恶的机器，其设计原理是模仿金属探测器辨别人类行为的好与坏。他希望自己发明的这个探测器能够帮助人们在所有情况下都能做出正确的选择、都能做好人而不当坏蛋。

探测器制造出来以后，路易斯就迫不及待地带去了学校，想通过实际应用来测试一下自己的发明是否有效。来到学校以后，他躲在操场旁边别人看不到的地方，然后打开了探测器，认真观察操场上的学生。他看到有个小男生正在做自己的事情，突然一个块头很大的高年级男生走过去，不由分说地打了小男生一下，小男生疼得哭了起来。于是路易斯举着探测器，飞奔回去报告老师。

起始问题 1：在这种情况下你认为善恶探测器探测到的是善还是恶？

进一步深入思考题：

❖ 探测器如何判定善与恶？

❖ 路易斯的金属探测器能够探测到地下的金属物质，那么他的善恶探测器能够探测到什么？痛苦的程度？校园霸凌的意向？霸凌者的行为？到底是什么呢？

❖ 你认为善恶探测器有用吗？为什么？

❖ 在这种情况下，有没有什么事实能够让人判断哪些是善哪些是恶？

❖ 什么叫善？

有一天路易斯又在操场上看到一件事情。一个男生和一个女生在玩游戏，然后男生开始骂女生作弊。女生说自己没有作弊，但是男生坚持认为她作弊了，说作弊是不对的。女生坚持说自己没有作弊，于是男生就打了女生。女生被打哭了。

起始问题 2：这种情况下你认为善恶探测器探测到的是善还是恶？

进一步深入思考题：

❖ 探测器如何判定善与恶？

❖ 探测器会探测到什么？

❖ 机器怎么知道女生到底有没有作弊？如果女生没有，探测器会如何决定？如果女生虽然没有遵守游戏规则，但那是因为她根本就没有弄懂规则，探测器又会如何判断？

❖ 探测器会认定那个男生打女生属于恶吗？男生打女生不对吗？

最后，路易斯去找自己的好朋友查理，查理跟他说了自己所面临的难题（参见“查理的选择”了解他所面临的两难境地）。路易斯认为自己的善恶探测器或许可以帮到自己的好朋友。

起始问题 3：这种情况下你认为善恶探测器探测到的是善还是恶？

进一步深入思考题：

❖ 探测器如何判定善与恶？

❖ 探测器会探测到什么？

你或许很想知道在上述三种情况下探测器分别是如何判定善恶的。

实际上，当路易斯将探测器对准目标的时候，机器似乎每次都出了故障，根本无法给出明确的答案。这就意味着路易斯每次都需要自己去判断对与错。他不知道这到底是因为机器不起作用，需要重新设计制作，还是因为根本就没什么东西可供机器探测。换言之，不管他花多少时间、多少心思，探测器都有可能永远无法正常运作。

起始问题 4：你认为探测器需要多花点时间和心思重新制作，还是根本就没有可供机器探测的东西？

进一步深入思考题：

❖ 这个世界上是否存在“对与错”这种东西？“对与错”是否只是一种意见和观点？

❖ 关于什么是对的、什么是错的，有没有什么事实可以作为依据？

❖ 不管你是谁，有没有什么一定是对的或者一定是错的？那会是什么呢？

❖ 我们的大脑里是否已经有了一个善恶探测器？我们是否仅凭自己的眼睛就能看到什么是善、什么恶？（感谢 11 岁的塔里克提出这个问题）

你来提问

❖

❖

❖

资料来源：改写自“路易斯的美丑探测器”，这是 10 岁的路易斯想出来的。

哲学关键词：道德现实主义（moral realism）、情绪主义（emotivism）、道德客观主义（moral objectivism）、柏拉图与尤西弗罗困境（Euthyphro question）、认知主义与非认知主义（cognitivism and non-cognitivism）

二手车销售员

彼得·沃利（Peter Worley）

适合年龄：10岁及以上

假设你是一名二手车销售员，有人看中了一辆车想掏钱买下来。这个人对汽车一无所知，完全靠你给他一个公平合理的报价。

起始问题：你的报价应该体现汽车本身的价值，还是高于其真实价值？为什么？

进一步深入思考题：

❖ 如果问价者是本地人，你的报价会有所不同吗？

❖ 如果问价者不是本地人、且之后再也不会出现，你的报价会有所不同吗？

❖ 如果问价者是二手车店的常客，你的报价会有所不同吗？

❖ 什么是理性或合理的做法？

❖ 什么是道德或正确的做法？

❖ 自私与不自私（即"利他"，意为"为他人利益着想"），哪一种做法更符合我们自己的最大利益？

❖ 我们与他人的关系应该是合作还是竞争？

❖ 做一名罪犯是否要付出代价？

❖ 我们应该让别人当好人并利用他们的善良吗？

❖ 我们做事只会顾及自身利益吗？

你来提问

❖

❖

❖

哲学关键词：博弈论（game theory）、英国哲学家托马斯·霍布斯（Thomas Hobbes）与契约理论、利己主义（egoism）与利他主义（altruism）

价 值：美 学

路易斯的美丑探测器

彼得·沃利（Peter Worley）

适合年龄：9岁及以上

路易斯喜欢发掘化石，每个周末都会带上他的化石锤到海滩上去敲敲打打，寻找藏在化石里的史前生物。每当他敲开一块岩石，发现里面灭绝已久的动物残骸，路易斯都会忍不住浮想联翩。此外，他还有一个金属探测器，可以用来寻找硬币，满心希望有朝一日能够找到一个大宝藏！

一天，在学校上美术课的时候，老师要求学生从给出的四幅图画中找出哪两幅画是同一个画家创作的。于是路易斯想：有一天我要发明出一部机器，像金属探测器那样，可以分辨出哪些画是同一个画家画的，这样就能帮警察甄别赝品了。

（如果你在课堂上讲这部分内容，可以准备一些画作让学生当场进行甄别。尽量找风格相似的图画，而且其中只有两幅是同一个画家创作的。）

起始问题1：你认为路易斯能发明出这样的机器来吗？如果能的话，这种机器要探测的内容到底是什么？

进一步深入思考题：

❖ 路易斯的金属探测器能够探测到地下的金属；那么如果想要判断是否是同一画家创作的作品，有没有什么画作特点是机器能够探测到的？如果有的话会是什么呢？

❖ 如果由人来完成这项任务的话，人会如何做出判断呢？

❖ 路易斯的机器能帮助警察甄别赝品吗？

下一周的美术课上，老师又布置了一项任务，要学生说出四幅肖像画中哪一幅“最美”。

（如果你在课堂上讲这部分内容，可以准备一些肖像画给学生看，尽量找画风不同的作品。）

起始问题2：你认为班上的同学能找出“最美”的肖像画吗？

进一步深入思考题：

❖ 有没有办法找出哪幅肖像画最美？

❖ 这是一件“仁者见仁智者见智”的事情吗？

❖ 判断那幅画“最美”有什么事实依据吗？

❖ 第一项任务和第二项任务有什么不同？

❖ 可以通过表决的方式来决定吗？

❖ 可以让专家来决定吗？

于是路易斯又想：不知道是不是能发明出一部机器，像金属探测器那样，不过功能是用来判断一件东西的美丑。这样他只要把机器对准四幅肖像画，马上就能知道哪一幅最美了。

起始问题 3：你认为路易斯能不能发明出这种美丑探测器？如果能的话，这种机器要探测的到底是什么？

进一步深入思考题：

❖ 路易斯的金属探测器能够探测到地下的金属；那么如果要判断肖像画的美丑，有没有什么是机器能够探测到的？如果有的话会是什么呢？

❖ 你画了一个笑脸，然后将其放在蒙娜丽莎的画像旁边进行比较。判断这两幅画哪一幅最美，是否仁者见仁智者见智？

❖ 什么叫美？

资料来源：“美丑探测器”是 11 岁的路易斯想出来的；感谢米莉安提出了“笑脸”问题

哲学关键词：关于艺术的哲学、关于美的哲学、主观性与客观性(subjectivism and objectivism)、美学(aesthetics)、休谟(Hume)《趣味的标准》(Of the Standard of Taste)、康德(Kant)的崇高论(sublime)、柏拉图(Plato)与形式理论(Forms)

无画生非

彼得·沃利（Peter Worley）

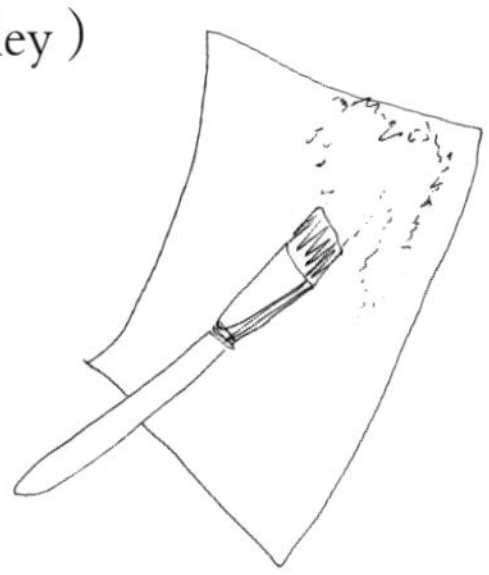

适合年龄：8岁及以上

星期一学校组织活动，全班外出参观旧金山现代美术馆。出发前，他们的老师——吴乱语小姐说："同学们，今天，我们将领略到真正的艺术。"星期二，老师布置了作业：每人画一幅现代派的画，星期四早上的美术课交。周三晚上，已经不早了，帕布洛还没做作业——他又把作业拖到最后来不及写了。他脑子里一片空白。该怎么办？突然之间，帕布洛找到了灵感！我有一片空白啊！

你猜他会怎么做？

第二天，美术课上，同学们都把自己的画交给了老师。轮到帕布洛时，他拿出一张巨大的白色卡片，递给吴乱语小姐。

"谢谢你，帕布洛。我得承认，我没指望你会完成作业，你给了我个惊喜。"她边说边从帕布洛手中接过卡片。

她的微笑在她看到卡片的时候凝固了。

"这是什么？这是张白纸！"

"画的名字叫《思想之雪》或者《幽灵暴风雪》"，帕布洛自豪地宣布，"你认为哪个标题好就用哪个，就看你觉得它最像什么了。"

"可它什么都不是！你根本什么都没画！"吴乱语小姐大叫。

"我在上面涂满了白色，"帕布洛纠正道。吴乱语小姐仔细端详，发现它确实涂满了白色。"可是，不管你涂没涂白色，它还是什么都不是！"她坚持道。

“要这么说的话”，帕布洛——那天在美术馆他参观得非常认真——说，“罗伯特·劳森伯格的《白色画作》也什么都不是。”他停顿了一下，等待老师的回应，但是老师什么也没有说，于是他继续，“人们花大价钱买下、美术馆挂在墙上、全球各地的游客都来观赏的，也什么都不是喽。”

吴乱语小姐简直要气炸了，却找不到合适的话来反驳帕布洛。帕布洛知道这一点。全班同学都知道。

（袁可聿 译）

起始问题：“思想之雪”/“幽灵暴风雪”是艺术吗？

进一步深入思考题：

❖ 美国战后波普艺术的代表人物劳森伯格（Robert Rauschenberg）1951年创作的“白色画作（三联画）”（White Painting）是艺术吗？

❖ 劳森伯格的画和帕布洛的画有什么不同？

❖ 什么是艺术？

❖ 吴乱语小姐说他们将在美术馆“领略到真正的艺术”，这是否意味着她认为劳森伯格的画作是真正的艺术呢？如果是的话，那么她是否就必须承认帕布洛的画也是真正的艺术？

❖ 帕布洛说的对吗？人们愿意花大价钱买的画就一定是艺术吗？人们从世界各地前来观看的画就一定是艺术吗？如果这些因素都不重要的话，那你认为怎样才能称之为艺术呢？

❖ 帕布洛的画什么都不是吗？劳森伯格的画什么都不是吗？

❖ 帕布洛/劳森伯格的画空无一物吗？

❖ 白色就代表没有任何东西吗？如果不是的话，怎样才能表现空无一物呢？

❖ 什么是“无”？

❖ 你认为帕布洛的画更像“幽灵暴风雪”还是“思想之雪”？它们会是什么样子的呢？

你来提问

❖

❖

❖

资料来源：感谢索菲亚让我看了劳森伯格的画作并提出了一些可供进一步思考的问题

哲学关键词：艺术的性质、艺术的定义、美学（aesthetics）

无声胜有声

彼得·沃利（Peter Worley）

适合年龄：7 岁及以上

约翰尼不喜欢音乐，他喜欢聆听寂静，认为音乐是充斥于美妙寂静的噪音。音乐老师布置的家庭作业是要求班上每个孩子根据自己喜欢的风格创作一支乐曲。但约翰尼没有喜欢的音乐，他更喜欢宁静。突然，他知道自己最喜欢什么风格的乐曲了。

音乐课的时间到了，同学们一个接一个地展示他们准备好的音乐作品。这些音乐中，有的像是电脑游戏的主题曲，很多同学演唱自己创作的歌曲时就像是在参加电视节目的面试，有一些是简单的钢琴曲，还有几个是打击乐作品。对约翰尼来说，这些全都是难以忍受的噪音。终于轮到约翰尼了，他站起身，拿着一张乐谱走上台来，把它小心翼翼地放到钢琴的谱架上。约翰尼坐下后，向全班同学宣布，他将奉献给大家一首他创作的曲子，名字叫《一分三十三秒》。接着他把双手平放在膝盖上，静静地坐在那里，一动不动地坐了一分三十三秒。时钟滴答作响，全班同学期待着约翰尼的演奏，但他依然坐在那里一动不动。时钟走动的声音清晰可闻。忽然，一个男孩儿兴奋地大叫了一声，这声音划破了室内的宁静。当时钟显示时间已经过去一分三十三秒时，约翰尼站起身来，向大家深深地鞠了一个躬。有两名同学鼓起掌来，但更多的同学目瞪口呆，完全弄不清约翰尼在搞什么鬼。老师走上前来不解地问："约翰尼，你为什么一直寂静无声？"

"这就对了！"约翰尼说，"对我来说这就是最美妙的音乐！"

起始问题：《一分三十三秒》是音乐吗？

进一步深入思考题：

❖ 什么叫音乐？

❖ 噪音和音乐有区别吗？如果有的话，二者有何区别？

❖ 声音和音乐有区别吗？如果有的话，二者有何区别？

❖ 音乐是你听到的音符吗？

❖ 寂静无声也是音乐吗？

❖ 有可能做到寂静无声吗？

❖ 著名作曲家莫扎特曾经说过："音乐不仅仅是哆、唻、咪、发、嗦、啦、唏这些音符本身，它们之间的停顿和静止才真正让你感受到音乐的存在。"莫扎特想要表达什么意思？他说得对吗？

（老师还可尝试以下方法：在课堂上演奏《一分三十三秒》这支曲子。建议把戏做足：使用真正的乐器，穿上正式演出服装，请观众认真聆听一首名曲。如果你真的会一门乐器的话，可在这首曲子演奏完毕以后再演奏一首其他曲目，最好是学生较为熟悉的常见曲目。演奏完毕后提出上面的"起始问题"。）

你来提问

❖

❖

❖

资料来源：美国先锋派古典音乐作曲家约翰·凯奇（John Cage）首演于 1952 年的音乐作品《四分三十三秒》（4'33"）及其著作《寂静》（Silence）

哲学关键词：音乐的性质

（李绰然 译）

一首钢琴曲

詹姆斯·戴维（James Davy）

适合年龄：7岁及以上

可选用的道具：收音机、CD播放器、MP3、唱片与唱片机、乐谱、钢琴

山姆在收音机上听到一首钢琴曲，他非常喜欢，于是自掏腰包买了这首曲子的CD，后来又从网上下载了这支曲子在MP3上听。他最要好的朋友迪娜知道他喜欢这首钢琴曲，于是从父亲的收藏中找到这支曲子的黑胶唱片当作生日礼物送给了他。山姆用父母的老唱片机播放了这张唱片，非常喜欢播放音乐时唱片机发出的那种噼啪声。妈妈为山姆找到了这首曲子的乐谱让他在钢琴上弹奏。虽然花了好几个星期的时间，不过山姆最后终于能够自己在钢琴上弹奏这支曲子了！可以随时在钢琴上弹奏自己喜爱的乐曲，山姆非常开心。

起始问题：山姆现在到底拥有多少首乐曲？四首、一首，还是其他数字？

进一步深入思考题：

❖ 这个故事里提到了多少首乐曲？

❖ 每一种形式的乐曲全都是同一首吗？

❖ 如果他将MP3文件进行复制，这是否意味着他有了两倍甚至更多的乐曲?

❖ 如果他同时播放所有不同形式的乐曲，那么他听到了多少首曲子呢?

❖ 同一件东西你可以拥有多少次?

❖ 哪一首是最初的那首曲子?

❖ 录制过程与最后成品有区别吗?

❖ 你能够“拥有”音乐吗?

❖ 你听到音乐的时候，音乐在哪里? 在你脑海里? 在空气中? 在演奏者那里? 在 CD 上? 还是在别的什么地方?

❖ 同一首乐曲有多少种存在方式?

1. 唱片

2. CD

3. 乐谱

4. MP3 文件

5. 盒式录音带

6. 还有吗? 不出声地哼唱?

你来提问

❖

❖

❖

哲学关键词：音乐的性质、音乐的本体论

价 值：政 治

分蛋糕的故事

安佳 · 斯坦鲍尔（Anja Steinbauer）

适合年龄：5 岁及以上

塔玛拉、卡里姆、米莉安一起做蛋糕。塔玛拉负责买东西，买蛋糕材料花掉了她大部分的零花钱。卡里姆主要负责做蛋糕，因为之前烤过东西，所以他对此很在行也很有热情。米莉安大部分时间都在看两个朋友做事情，她很喜欢跟朋友在一起。蛋糕终于做好了，香气扑鼻，闻上去十分美味。于是米莉安开始分蛋糕。

起始问题 1：每个孩子应该分到多大的蛋糕?

进一步深入思考题：

❖ 怎样分蛋糕应该由谁说了算?

❖ 塔玛拉应该分到多少蛋糕? 因为所有蛋糕材料都是她买的，她有可能会说所有原材料都应该归她，这是否意味着她拥有这个蛋糕? 如果是的话，如何分蛋糕应该由她说了算吗? 那她是否可以将整个蛋糕全都据为己有呢？

❖ 卡里姆应该分到多少蛋糕？因为只有他一个人知道怎么做蛋糕而且承担了大部分的工作，他有可能会说没有他就不会有这个蛋糕，这是否意味着他有权对蛋糕的分配提出特殊要求？他所分到的蛋糕应该比别人多甚至应该分到整个蛋糕吗？

❖ 米莉安应该分到多少蛋糕？她有可能会说因为大家都是好朋友，最公平的做法就是大家平分这个蛋糕。

❖ 如果那一天刚好是米莉安的生日呢？这个蛋糕应该如何分配？

❖ 什么是公平？

❖ 什么是公正？

❖ 公平与公正是一回事吗？

米莉安刚要开始分蛋糕的时候，喜欢欺负人的比利冲进来也要求分一块蛋糕，还威胁说如果不给的话他就会把所有人都揍一顿然后再抢走蛋糕。于是米莉安说：“为什么要分给你？你啥都没干！”比利说因为他力气最大：“强者通吃，强者要什么就能拿什么——这个世界就是这样的！而且今天是我生日。”

起始问题 2：强者要什么就能拿什么吗？如果是的话，他们应该这么做吗？

进一步深入思考题：

❖ 如果比利不应该分到蛋糕，有什么办法可以阻止他拿走蛋糕？

❖ 比利说“这个世界就是这样的！”是什么意思？他说的对吗？

❖ 如果这个世界就是这样的，强者要什么就能拿什么，这是否意味着强者这么做就是对的呢？

❖ 米莉安在做蛋糕的过程中有没有帮忙？米莉安有权参加分蛋糕吗？

❖ 如果那一天真的是比利的生日，过生日就意味着他应该分到蛋糕吗？

你来提问

❖

❖

❖

哲学关键词：政治哲学、分配的公正（distributive justice）、所有权（ownership）、约翰·洛克（John Locke）、休谟（David Hume）与"是与应该的区分/谬误"（is/ought distinction/fallacy）、苏格拉底（Socrates）与色拉叙马库斯（Thrasymachus）、苏格拉底与卡利克里斯（Callicles）

神奇的王冠

彼得·沃利（Peter Worley）

适合年龄：5 岁及以上

神奇的王冠之所以神奇，是因为它拥有一种特殊的魔力：不管是谁，只要戴上这顶王冠都能成为统治全世界的女王或国王。

如果你看到这顶神奇的王冠，也知道它的神奇魔力，知道自己戴上这顶王冠以后会怎样，你会戴上它吗？

起始问题 1：你会戴上这顶神奇的王冠吗？

进一步深入思考题：

❖ 成为全世界的统治者好吗？

❖ 好玩吗？

❖ 当女王或者国王有什么不好的地方吗？

❖ 女王或者国王有自己的责任吗？

❖ 什么叫责任？

起始问题 2：如果你戴上王冠成为统治全世界的女王或国王，你会通过什么样的法律和法规？为什么？

进一步深入思考题：

❖ 有没有什么规定和法律是你应该通过的？

❖ 有没有什么规定和法律是你不应该通过的？

❖ 什么叫规定？

❖ 什么叫法律？

❖ 女王或国王可以随心所欲地决定通过哪些规定和法律吗？

❖ 女王或国王是否要对别人负责？如果是的话，要对谁负责？

问题 3：不管是谁找到了王冠都可以戴到头上成为全世界的统治者，这样对吗？

进一步深入思考题：

❖ 要成为全世界的统治者，哪种方式才是正确和公平的？

❖ 成为全世界的统治者，有正确和公平的方式吗？

❖ 什么样的人应该统治其他人？

❖ 应该由不止一个人来统治吗？

❖ 应该不要任何人来统治吗？

你来提问

❖

❖

❖

资料来源：受莎士比亚《麦克白》的启发而创作

哲学关键词：统治的合法性、王权的合法性、政治哲学

幸福与真相

安佳·斯坦鲍尔（Anja Steinbauer）

适合年龄：8 岁及以上

从前有个国王过着衣食无忧、快乐富足的生活，与此同时王宫里有个奴隶则过着食不果腹、悲惨艰辛的日子。但是到了晚上，国王就会梦到自己沦为可怜的奴隶，过着饥寒交迫的生活；而奴隶则每晚都梦到自己当上了不愁吃穿、快活无比的国王。他们的梦境十分真实，梦中的一切都像是切切实实的真实感受，做梦的人根本就没有意识到自己是在梦境中。就这样，国王和奴隶都体验到了同样的幸福与苦难。

起始问题：幸福比真相更重要吗？还是真相比幸福更重要？

进一步深入思考题：

❖ 国王和奴隶过着同样的生活吗？

❖ 你更愿意选择过谁的生活？

❖ 如果你可以选择做一个长达一生的美梦，不用体验现实世界里的任何不愉快和艰辛，你会做这样的选择吗？

❖ 你认为国王的一生是幸福还是悲惨？

❖ 你认为奴隶的一生是幸福还是悲惨？

❖ 什么叫幸福？

❖ 什么叫真相？

你来提问

❖

❖

❖

资料来源：受中国古代故事的启发

哲学关键词：英国哲学家边沁（Jeremy Bentham）的功利主义（utilitarianism）、诺齐克（Robert Nozick）的“体验机”（Experience Machine）、价值观

老魔法师的悲哀

戴维·伯奇（David Birch）

适合年龄：9 岁及以上

从前有一个年纪很老很老但是法力很高很高的魔法师，他已经几百岁了。几百年间，老魔法师见过无数美妙的事情。他曾经目睹埃及人建起了雄伟的金字塔，曾经在古罗马的街道上悠闲地散过步，也曾经参加过莎士比亚戏剧的首演活动。尽管如此，虽然见证过无数奇迹、拥有过无数美好经历，老魔法师还是感到厌倦和疲惫，觉得自己活太久了，不知该怎么继续撑下去。

他之所以会有这种感觉，完全是因为这个世界有太多的暴力和争端。在他一生中，曾看到人与人之间彼此仇恨、国家与国家之间战火不断，无数人在战争中死亡。而这样的日子似乎永无尽头。有一天，魔法师突然想到了一个非常有趣的主意。

他认真思考自己见过的各种纷争，终于恍然大悟，明白了这些争斗背后的根本原因到底是什么。人对待和自己不同的人会特别残忍，战争总是在不同的国家与不同的宗教信仰之间爆发，二十世纪甚至有人会因为支持不同的球队而大打出手；如果有些人会跟另外一些看上去没有太大差别的人打仗，那通常都是因为一方拥有对方所没有的东西，所以根本原因还是不同与差异。想明白了这一点之后，为了一劳永逸地解决所有冲突和争端，老魔法师决定用魔法将所有人全都变成一样：长得一样、拥有一样的东西、就连信仰也全都一模一样。换言之，到时所有人都会像是一个人。

起始问题：如果魔法师把所有人全都变成一样的，你认为会发生什么？

进一步深入思考题：

❖ 人人都一样以后战争会停止吗？

❖ 老魔法师认为不同与差异是造成战争和冲突的终极原因，你同意他的观点吗？

❖ 魔法师应该把所有人都变成一个样子吗？

❖ 人应该全都是一个样子的吗？

❖ “相同”有不同的含义吗？

❖ 如果魔法师把所有人都变成一样的，他们会永远一样下去吗？

你来提问

❖

❖

❖

哲学关键词：平均主义（egalitarianism）、公平的哲学、政治哲学、英国哲学家密尔（J. S. Mill）与自由主义（liberalism）、英国哲学家以赛亚·伯林（Isaiah Berlin）与多元主义（pluralism）、社群主义（communitarianism）

奔向新世界

戴维·伯奇（David Birch）

适合年龄：8 岁及以上

1604 年的月亮比现在的更圆更亮，它高高地挂在天上，银色的月光将夜晚照得像白昼一样。有人影在港口暗处晃动，停泊在黑黝黝水面上的那艘船正期待地眺望着远处的地平线。

很快，船只拔锚起航，港口重归平静，船上的那些人影此去永远都不会再回来。他们将会被报告为失踪人口，在身后留下一百个震惊和一百张空床。他们就这样一去不返。

人们找到了他们留下的一张纸条，上面写道：

我们离开英国是为了奔向新世界，奔向我们自己创造出来的世界。我们要在海洋上找到一个小岛。我们不能继续留在这里，因为祖国已经变成了监狱。

我们将创建一个全新的国家，在那里没有规则也没有法律。我们不相信规则，我们也不相信法律。

起始问题 1：你认为这个没有规则也没有法律的国家会是什么样子的？

纸条上继续写道：

规则和法律剥夺了我们的自由，告诉我们可以做什么、不可以做什么，用恐吓手段迫使我们服从，如敢不从就会受到惩罚。

规则和法律让我们无法得到自己真正想要的东西，它们不理解我们，只想把我们变成它们的奴隶。我们不相信权力，我们痛恨被控制。

我们要改变这一切。在我们的新世界里没有首相、没有警察、没有父母、没有老师、没有法官、没有法院、没有监狱、没有惩罚。这个新世界在等着我们，我们绝不会回头。

纸条上还有笔迹工整的签名。但这也是他们最后一次发出自己的声音，之后四百年多年一直沉默不语、杳无音信，再也没有人听说过关于他们的任何消息，也没有人找到过他们落脚的那个小岛。

这些热爱自由、痛恨规则的人们能创造出一个更好的世界吗？我们无从得知，只能猜想他们最后的命运到底如何。

起始问题 2：你认为他们创造出来的新世界会比我们现在的世界更好吗？

进一步深入思考题：

❖ 遵守法律是因为我们必须如此，还是因为我们想要如此？

❖ 法律是否剥夺了我们的自由？

❖ 自由比安全更重要吗？

❖ 法律规定我们应该如何对待彼此，这是否意味着我们无法得知自己对他人的真正感觉？

你来提问

❖

❖

❖

哲学关键词：契约主义（contractarianism）、英国哲学家托马斯·霍布斯（Thomas Hobbes），约翰·洛克（John Locke）、法国哲学家卢梭（Jean-Jacques Rousseau）、无政府主义（anarchism）

天空的界限

戴维·伯奇（David Birch）

适合年龄：8 岁及以上

这是一个冬天的早晨，空气凉爽清新，女王和她弟弟一起在皇宫的花园里散步。

“今天早上的宫殿真漂亮啊”，亲王说。“您不觉得这雪让它变得更加雄伟、迷人吗？”

女王骄傲地点了点头:“你说得对。我的宫殿今天看上去美极了，这么富丽堂皇的宫殿全都是我的。”女王说着停下脚步欣赏起来。

“当然了，这可是我自己亲自设计的”，她继续道。“本来计划建三十年的，可是工匠二十年就完工了。二十年？哈！我对他们说不够大，我要的是三十年高、三十年宽的宫殿。不过现在的宫殿房间也够多了，一年时间里我可以每天晚上都睡在一个不同的房间里。不过，我可不是那种喜欢自夸的人。”

“嗯，是的，它今天早上看起来真令人喜爱”，亲王回答，“今天的花园也格外美丽，叶子裹着一层白霜显得更漂亮了。”

“你说得对。我的花园今天看上去美极了，这么大这么美的花园也全都是我的”，女王说。“没有哪个女王拥有过这么大的花园。为了建造这座花园，我下令砍掉了整片森林。这花园实在太大了，我都看不到花园的外面。当然了，我也只喜欢看到属于自己的东西。如果有入侵者胆敢闯进来，我的弓箭手们就会把弓箭瞬间射入他们的胸膛！不过，我可不是那种喜欢自夸的人。”

“没错”，亲王轻声说着，礼貌地笑了笑。“噢，对了，那些天鹅……”

“你说得对”，女王打断了他，“我的天鹅今天看上去美极了，这么洁白美丽的天鹅全都是我的。”

“我猜这种天鹅品种很稀有吧？”亲王问。

“完全正确，非常稀有”，女王说。“是我让他们从遥远的异国他乡千里迢迢送到这里来的。不过，我可不是那种喜欢自夸的人。”

听着女王说了这么多她不喜欢夸口的言辞，亲王有点厌烦了。他抬头仰望天空想要让自己清醒一下，突然发现天空是那么壮观。

“您不觉得今天的天空很壮观吗？颜色看上去很像是白银”，他的样子像是在对天空说话。

“对，没错，天空也是我的”，女王得意地说。

“你说什么？”亲王倒吸一口气。

“我拥有天空，天空是我的。”

亲王不敢相信自己的耳朵：“你怎么可能拥有天空？”

“我全都买下来了，跟你说这可真不便宜。你现在之所以能看天空，那只是因为我让你看。既然我拥有天空，我就可以命令你不准看。不过，我是个慷慨大方的人。”

“你不能禁止我看天空”，亲王抗议，“这太荒唐了。”

“我当然可以。这是我的天空。”

“不是！你这次实在是太过分了！”亲王大怒。

起始问题：女王能拥有天空吗？

进一步深入思考题：

❖ 天空属于所有人？还是不属于任何人？

❖ 女王能拥有宫殿、花园和天鹅吗？

❖ 如果这个品种的天鹅十分稀有，女王拥有它们是为了保护它们，她这么做可以吗？

❖ 我们只能拥有我们创造出来的东西吗?

❖ 人有可能拥有天空吗?(一个人可以拥有某个无法锁起来的东西吗?)

❖ 你怎么才能拥有某件物品?是什么让某物变成"我的"或者"你的"?

❖ 一个人拥有其他人可能会享受或者使用的物品,这样做不对吗?

❖ 如果你从某人那里买了一个东西,那么它就是你的了吗?如果这个东西是卖给你的那个人从别人那里偷来的呢?那么它又是谁的呢?

❖ 一个东西怎样才能有"三十年高、三十年宽"呢?

❖ 如果万物都是上帝创造的,那么上帝能拥有一切吗?

你来提问

❖

❖

❖

哲学关键词:马克思(Marx)、洛克(Locke)与私有财产(private property)、环境伦理学(environmental ethics)

(王若昀 译)

身无长物？

戴维·伯奇（David Birch）

适合年龄：7 岁及以上

如果要求你列出自己所拥有的一切，你会在这张清单上写什么？

（先列清单然后再往下读。）

起始问题 1：你会把心脏列在清单上吗？

进一步深入思考题：

❖ 缺少了就不行的东西归你所有吗？

❖ 从未缺少过的东西归你所有吗？

❖ 如果某个东西是你的，这是否意味着你拥有它呢？

起始问题 2：你会把梦想列在清单上吗？

进一步深入思考题：

❖ 你梦中所发生的一切是由谁来决定的？

❖ 梦从哪里来？

❖ 你能拥有自己无法控制的东西吗？

起始问题 3：你会把父母列在清单上吗？

进一步深入思考题：

❖ 如果你不拥有父母，这是否意味着父母不是你的？

❖ 你能拥有自己无法控制的东西吗？

❖ 你能拥有缺少了就不行的东西吗？

❖ 父母是否能够把你列入他们的清单呢？

资料来源：莎士比亚的诗作“凤凰与斑鸠”

哲学关键词：所有权（ownership）、自主权（autonomy）、心灵哲学、个人主义（individualism）

更加公平的社会

马丁·帕里斯特（Martin Pallister）

适合年龄：14 岁及以上，高级

来自其他星系的外星人一直在研究地球人的生活。他们无法理解我们为什么会创造出这么一个既不公平又不宽容的世界，于是决定再给我们一次机会，让我们重新开始，创建一个更加公平的社会。

外星人把所有地球人全都搬到他们巨大的太空船上，将地球人安置在一个名叫智库的分区里面。一旦进入智库，所有人都会失去原有的全部个人知识，不知道自己是谁，不知道自己的性别、年龄、种族、能力、宗教、社会地位，不知道什么叫“好生活”。然后，外星人会告诉他们走出智库以后可以自由选择加入任何一个群体。地球人还会服用一种外星药片，因此全都具有极强的推理能力，同时还熟悉常识和法律，掌握世界上的所有理论知识。

外星人让他们牢记一点：一旦走出智库，他们有可能是地球社会的任何一个人，所以应该努力创建一个所有人都能接受的公平社会。

起始问题：假如你是智库中的一员，听到上述所有介绍以后（尽量把它们全都牢记在心里），你会选择如何组织社会？

进一步深入思考题：

❖ 上述关于环境的描述是否会让你选择更加公平的社会？

❖ 这些描述是否告诉了我们公平社会应该是什么样子的？

❖ 什么叫公平？

❖ 这一思维实验的前提条件是假设我们所选择的社会组织形式是对我们自己最有利的，这种假设对吗？该实验有没有解决可能出现的问题呢？

❖ 一个政治体系怎样才能做到综合考虑不同人群的权利与利益呢？

❖ 每一个人都应该拥有一样的权利吗？

❖ 应该如何分配财富与资源才能保证有天赋、有才华的人愿意努力工作呢？

❖ 如果你是相反的性别，是否会想让这个世界和现在有所不同？如果是的话，你想怎样做？

考虑如何回答起始问题的时候，可思考以下几点：

❖ 平等机会

❖ 育儿与家务

❖ 劳动力市场的结构

你来提问

❖

❖

❖

资料来源：美国政治哲学家罗尔斯（John Rawls）《正义论》“无知的面纱”（behind veil of ignorance）或“无知之幕”

哲学关键词：公正的哲学、政治哲学、财富的分配

奥格的围栏

彼得·沃利（Peter Worley）

适合年龄：9 岁及以上

让我们回到很久很久很久以前，那个时候还没有谁拥有什么东西，只有很多人与很多土地。一天，有个叫奥格的洞穴人发明了一种叫围栏的东西，而且决定在一块土地周围建起围栏，将这块土地据为己有。当然，他是第一个这么做的人。

起始问题 1：如果没有谁拥有什么东西，那奥格是如何开始拥有一块土地的呢？

进一步深入思考题：

❖ 所有权是如何开始的？

❖ 能决定奥格声称自己拥有土地的到底是什么？

❖ 如果因为土地不属于任何人，所以奥格不能拥有土地，那么怎样才能允许有人拥有某个东西呢？

奥格的妻子负责外出采集坚果和浆果。她看到树上落下很多坚果，于是将地上的坚果收集起来带回家，收拾好以后让全家人饱餐了一顿。

起始问题 2：坚果和浆果何时变成了奥格和妻子的财产？（先思考再阅读以下选项）

是在：

1. 她找到它们的时候？

2. 她采集到它们的时候？

3. 她带回家的时候？

4. 她收拾好以后可以吃的时候？

5. 全家一起吃的时候？

6. 还是别的什么时候？

7. 或者什么时候都不是？

进一步深入思考题：

❖ 某人拥有某物，何时才是对的？

❖ 什么叫所有权？

❖ 如果没有人拥有任何东西，世界会变成什么样？

❖ 某物何时从无人拥有或全体一起拥有变成被一人所拥有？

❖ 当你走进商店买东西的时候，是什么让这件东西成为你的？

你来提问

❖

❖

❖

资料来源及哲学关键词：约翰·洛克（John Locke）与私有财产（private property）、英国哲学家托马斯·霍布斯（Thomas Hobbes）与“自然状态”（state of nature）思维实验

一只名叫橡子的仓鼠

艾玛·沃利（Emma Worley）

适合年龄：5 岁及以上

有个班养了一只仓鼠，叫做橡子，是开学时班主任老师买来的。所有同学轮流精心照料它：清理笼子、喂它东西吃、陪它玩、逗它开心。同学们看着橡子一点点长大，都非常宠爱它。

到了学期末的最后一天，当同学们正忙着收拾课桌，清洁阿姨走进来，开始打包橡子的盒子。这时，老师发话了："同学们明年要升入新的年级，现在来跟橡子说再见吧，橡子会跟老师和老师的新班级待在一起"。

一听这话，同学们闹翻了："老师，这是我们的仓鼠！我们照顾了它一整年，喂它、陪它玩。它必须和我们在一起。"

老师解释说橡子是她花钱买的，对橡子负责的人也是她，所以橡子就是她的。听到这里，清洁阿姨停下手头正在干的活儿，转身对大家说："我在假期喂它，在晚上照顾它，保证它丰衣足食，吃饱穿暖，橡子是我的朋友。当所有人放假离开校园时，只有我陪伴它，带它看兽医，和它玩，让它不再孤单。橡子当然应该属于我。"

起始问题：到底谁拥有橡子？

进一步深入思考题：

❖ 应该由什么因素来决定谁该拥有橡子？

❖ 他们全都可以拥有橡子吗？如果是这样，谁该得到橡子呢？

❖ 橡子能拥有自己吗？

❖ 照顾一样东西和拥有它是一回事吗？

❖ 什么叫所有权？

❖ 是否有可能没人拥有橡子？他们只是在照顾橡子？

❖ 谁拥有地球？

❖ 你能否说出一件确定属于你的东西？并说说它为什么是你的？是什么让它成为你的？

你来提问

❖

❖

❖

资料来源：约翰·洛克（John Locke）

（董易 译）

第四部分

语言与语意或
关于现实存在的表达

菲利与索菲拍搞笑照片

菲利普·科威尔（Philip Cowell）

适合年龄：5 岁及以上

菲利用自己酷炫的新相机给索菲拍照。索菲一边跳舞一边做鬼脸，菲利追着她拍了很多很多的照片。几天后，他们拿到了洗印出来的照片，一边看一边不停地笑。

起始问题：菲利与索菲为什么会笑？

进一步深入思考题：

❖ 什么叫好笑？什么事情会让人觉得好笑？

❖ 菲利与索菲是因为照片而笑吗？

❖ 菲利与索菲是因为照片上的什么东西而笑吗？

❖ 菲利与索菲是因为拍照片时的回忆而笑吗？如果是这样的话，那么让他们笑的是照片还是回忆？

❖ 照片和回忆是一回事吗？

❖ 让菲利与索菲笑的是过去吗？

❖ 过去发生的事情是怎样让现在的你产生某种感觉的呢？

❖ 有没有什么事情是当时不好笑、后来才觉得好笑？为什么？

❖ 做鬼脸好笑吗？为什么？

❖ 从这本书里再找个让你觉得好笑的例子，试着说出你为什么会觉得它好笑？这个任务容易完成吗？

你来提问

❖

❖

❖

哲学关键词：幽默的哲学、时间、描述、必要条件与充分条件

智慧之神与国王关于文字的争论

克莱尔·菲尔德（Claire Field）

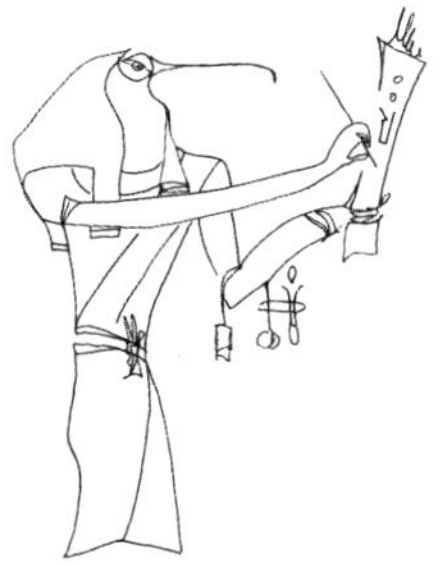

适合年龄：7岁及以上

古埃及神话中的智慧之神名叫托特，他最喜欢发明创造，算术、几何、天文、跳棋、骰子全都是他发明出来的。托特的最新发明是文字，这也是他最伟大的一项发明。埃及当时的统治者是萨姆斯国王，如果发明创造想在全国范围内得到推广和应用，那就必须得到国王的批准。于是托特带着自己的所有发明去拜见国王，逐一向国王介绍。国王详细询问了各项发明的用途，对有些发明大加赞赏，对有些则诸多批评。最后终于说到了文字。

起始问题1：如果你是托特的话，你会怎样说服国王同意把文字介绍给埃及人民？

起始问题2：如果你是国王的话，你会赞赏还是批评托特发明的文字？

进一步深入思考题：

- 文字的发明是件好事吗？为什么？
- 你认为文字发明出来之前人们的生活是怎样的？
- 为什么要发明文字？
- 你认为文字是否能够帮助我们提高记忆？

托特说："文字能够让人变得更睿智，能够让人拥有更好的记忆力。"

国王回答道："聪明的托特啊，我认为发明家不能准确判断自己发明的实际价值。你说文字能够让人变得更加睿智，我不同意你的说法。恰恰相反，我认为文字会让人变得更加健忘，因为有了文字以后，人们就会过于信赖自己写下来的东西，不愿意用自己的脑子去记东西。他们不会依靠自己的头脑，而是会依赖头脑以外的东西。如果你把文字这种工具交给埃及人民，他们虽然会知道更多知识，但是不会真正学到任何东西。表面上看起来，他们似乎了解一切，但实际上他们却一无所知。这不是很糟糕的事情吗？他们只是貌似睿智，而实际上却并非如此。"

起始问题 3：你认为国王和托特谁说的对？

进一步深入思考题：

❖ 如果某事需要提醒才能知道，那还算是知道吗？

❖ 知道和记得是一回事吗？

❖ 智慧和知识有区别吗？

❖ 国王为什么会担心文字是大脑以外的东西？他的担心有道理吗？

❖ 如果国王知道世界上有维基百科这种网络资源的话会怎么想？你同意他的想法吗？

❖ 如果没有文字的话，我们还能交谈吗？

❖ 先有语言还是先有文字？

你来提问

❖

❖

❖

资料来源：改写自柏拉图的《斐德罗篇》（Phaedrus，274e-275b）

哲学关键词：知识的性质、文字的哲学

问题中的问题

格兰特·巴特利（Grant Bartley）

适合年龄：11岁及以上，高级

从前有一个问题：我怎么知道这个问题是什么意思？

这是个问题中套着问题的问题，问题中的问题就是："我怎么知道这个问题是什么意思？"

好吧，这还真是个问题！

起始问题：你怎么知道这个问题是什么意思？

进一步深入思考题：

❖ 我们理解字词意思的时候，实际上知道的是什么？

❖ 我们理解某件事情的时候，大脑里都发生了什么？

❖ 理解是如何发生的？

❖ 理解是在哪里发生的？

❖ 什么叫理解？

❖ 当我们理解某件事情的时候，实际上是不是有两个东西："事情"加上我们的"理解"？

你来提问

❖

❖

❖

哲学关键词：反身性（reflexivity）、理解、语言的哲学

绿点子睡得很愤怒

安·克·格雷灵（A. C. Grayling）

适合年龄：10 岁及以上，高级

遥远的外太空有一颗星球名叫诺姆斯基，上面居住着两种生物：思者与言者。思者通过脑电波彼此交流思想，而言者则通过语言进行相互沟通。这两种生物之间一直战争不断，最近才刚刚取得划时代的进展，宣布将携手探索和平共处的可能性。为了增进了解，他们决定将对方的语言翻译成自己的语言，即将思者的思想翻译成言者的语言，将言者的语言翻译成思者的思想。

起始问题 1a：他们能将对方的语言翻译成自己的语言吗?

回答这个问题之前，请先思考以下问题：

起始问题 1b：你所说的每句话都是思想吗?

于是言者先发送了大量正常的句子给思者，比如“健康宝宝睡得香甜”之类的，思者均能轻松自如地将其翻译成思想。然后言者就起了恶作剧的念头，想要捉弄一下思者，于是发送了下面这个句子：“绿点子睡得很愤怒”。

进一步深入思考题：

- 思者能翻译出这一（语法完全正确的）句子吗?
- “绿点子睡得很愤怒”这个句子有意义吗?

❖ 你能想象得出“绿色点子”、“绿色点子睡觉”、以及“绿色点子睡得愤怒”是什么样子吗？如果不能的话，怎么解释“绿点子睡得很愤怒”和“健康宝宝睡得很香甜”之间的相似性呢？

❖ 思者是否也能出个同样的难题来刁难一下言者呢？

起始问题 2：你是否能说出自己所想的一切？

进一步深入思考题：

❖ 有个想法但绞尽脑汁就是找不到合适的语言来表达，你遇到过这样的情况吗？

❖ 如果你表达不出来，那你真的有想法吗？

❖ 请思考这样一个问题：假设玩具厂的厂长养了一条狗，那么这条狗会不会想：“嗯，我的主人是玩具厂厂长”？如果不会的话，为什么？

进一步深入思考题：

❖ 思想造就文字，还是文字造就思想？

❖ 有口语表达能力的人和没有口语表达能力的人相比，他们的思想一样吗？

❖ 掌握更多词汇是否能让你更好地思考？

❖ 词汇量少的人和词汇量大的人相比，会思考得较少吗？

❖ 什么叫思想？

❖ 什么叫词语？

❖ 思想与词汇是一回事吗？为什么？

❖ 你能列出自己可以思考却无法表达出来的事情吗？

你来提问

❖

❖

❖

哲学关键词：美国语言学家诺姆·乔姆斯基（Noam Chomsky）及其语义/句法区分（semantic/syntactic distinction）

未语之言

彼得·沃利（Peter Worley）

适合年龄：14 岁及以上

达姆娅：这首诗说的不是能言善辩
　　　　而是如何能读懂未语之言。
萨伊德："未语之言"？说这话真是好笑
　　　　如果你不说别人怎么知道？
达姆娅：沉默有时候也是一种语言
　　　　意思需要听者自己去推断。
萨伊德：我不明白你到底想说什么
　　　　语言就是语言，沉默只是沉默。
达姆娅：有些事情可意会不可言传
　　　　言外之意就在字里行间。
萨伊德：我才不信不可言传这种事
　　　　只有语言才能表达意思。
达姆娅：或许你说的对是我见识浅，
　　　　你也别再想了咱有缘再见！

起始问题：达姆娅到底想要对萨伊德说什么？

进一步深入思考题：

❖ 这首诗里有没有达姆娅说的"未语之言"？如果有的话是什么？

❖ 沉默怎么可能表达出意思呢?

❖ “推断”是什么意思? “言外之意”是什么意思?

❖ 你什么都不说也是在“说”什么吗?

❖ “沉默”是什么意思?

注：达姆娅（Dumia）在希伯来语中的意思是“沉默”，萨伊德（Sa'id）在阿拉伯语中的意思是“快乐”。

你来提问

❖

❖

❖

哲学关键词：英国语言哲学家奥斯汀（J. L. Austin）及其“行事语力”（illocutionary force）

对与错

彼得·沃利（Peter Worley）

适合年龄：7 岁及以上

如果我不在这里就一定在那里吗？

如果我不在那里就一定在这里吗？

这里，那里，那里，这里！

我还能在别的什么地方吗？

这里和那里之间是否还有别的地方？

或许这里和那里之间

存在某个地方但是我们看不见？

起始问题 1：这里和那里之间是否还有别的地方？

进一步深入思考题：

❖ 什么叫“这里”？

❖ 什么叫“那里”？

❖ 这里与那里之间是什么？有什么东西吗？（可同时参阅“芝诺不射门的理由”）

如果不对就一定错吗？

如果不错就一定对吗？

对，错，错，对！

在对与错之间

是否有可能存在别的什么？

比如既对又错、既错又对？

起始问题 2：对与错之间是否可能存在别的什么吗？

进一步深入思考题：

- ❖“对”是什么意思？
- ❖“错”是什么意思？
- ❖有没有什么是既对又错的吗？
- ❖某件事可以既对又错吗？
- ❖某件事可以既不对又不错吗？
- ❖某件事可以半对半错吗？
- ❖“对错”一词到底表示对还是错呢？
- ❖词语来自哪里？

对错练习

就下列陈述句判断它们是对、错、对与错之间，还是既不对也不错：

1、斑马是白色的。

2、《辛普森一家》是最好的电视剧。

3、2 + 2 = 4

4、独角兽有两只角。

5、三十粒沙子就能堆成一堆。

6、这个句子是错的。

7、我是个说谎的人。

8、外星人是存在的。

9、上帝是存在的。

有些哲学家认为一个陈述不可能同时既是对的又是错的，换言之，对与错之间没有中间地带。

❖ 你觉得他们为什么会这么想？

❖ 你认为他们会如何判断上述所列陈述句？

起始问题 3：这些例子中是否有介于对与错之间的陈述？如果没有的话，你能想出一个介乎两者之间的陈述句吗？

你来提问

❖

❖

❖

资料来源：我给孩子们上课讨论是非选择题判断对错的时候，他们经常会说“一半一半”、“两个都是”或者“五十五十”

哲学关键词：亚里士多德与逻辑、伯特兰·罗素（Bertrand Russell）与排中律（law of excluded middle）、二价（bivalence）、悖论与模糊（paradoxes and vagueness）

芝诺不射门的理由

彼得·沃利（Peter Worley）

适合年龄：9岁及以上

这是一个著名的古希腊悖论。关于悖论，我们首先要做的就是找到问题所在，然后再想办法去解决这个问题。

还有一分钟比赛就要结束了，现在他们急需进球得分。这时，球被传给了小芝诺。芝诺是个数学家但并不擅长踢球，只因为人手不够，他这才被赶鸭子上架的。此时，芝诺站在距离对方球门不到十英尺的地方，这是极佳的射门机会，因为对方包括守门员在内的所有防守队员全都不在防御位置上。

“快射门！”队友们齐声喊道。

但是，芝诺是个爱思考的孩子，他当时是这么想的：

射门根本就没用！因为球到球门之前，必须先完成出发点到球门之间距离的一半，它要完成这一半距离时又必须先完成这一半距离的一半，而要完成这一半的一半距离，它又必须先完成这一半的一半的一半……如此往复，无有穷尽。于是，拥有数学家头脑的芝诺得出了这样一个结论：球是永远都不可能被踢进球门的，因为从他所在的位置到球门之间存在着无数的分割区！

好吧，他其实并不想费力向队友们解释为什么射门根本就没用，因为如果要解释的话，他解释球为什么永远进不了球门所用的时间会和球永远进不了球门所用的时间一样长！

于是，芝诺从球的旁边走过去，经过球门，然后径直回到了更衣室。见他连球都没碰，队友们都感到十分惊讶和愤怒。而且，大家看到，芝诺从球门前走过时还把手放在嘴边说了声：“哎哟！”

起始问题1：你能解释为什么芝诺认为射门根本就没用吗?

起始问题2：为什么芝诺在走过球门时说了声“哎哟”？

进一步深入思考题：

❖ 你看到问题所在了吗（悖论的问题）？

❖ 按照芝诺的推理，球能踢进球门吗?

❖ 如果他瞄准球门射门，球能够进吗?

❖ 如果空间可以被无限分割的话，为什么球能被踢进球门呢?

❖ 如果你看出了问题，你能解决它吗?

❖ 这个问题与时间和空间有关系吗?如果答案是肯定的话，有什么关系呢?

❖ 数学世界与真实世界有不同吗?

❖ 在这里和那里之间存在着不止一个无穷吗?

资料来源：芝诺悖论（“阿基里斯追不上乌龟”和“飞矢不动”）

哲学关键词：关于空间的哲学、时间与距离、逻辑推理、经验、德国数学家康托尔（Georg Cantor）与超穷数（infinities）

（李睿龙 译）

转晕了！

彼得·沃利（Peter Worley）

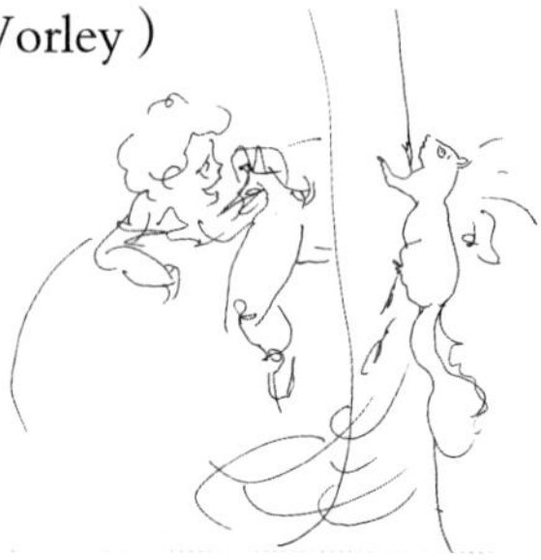

适合年龄：7 岁及以上

阿迪里奥和彼得在家附近的公园里玩，那里到处都是高大的树木。开始的时候，他们追松鼠玩，但是松鼠跑得太快了，根本就追不上，所以他们发明了一种新玩法：谁能围着松鼠跑一圈就得一分。不一会儿，他们俩就打成了平手，每个人都得了两分，现在又轮到彼得了。他看到一只松鼠就飞快地跑了过去，结果松鼠跑到树上去了，所以彼得就围着那棵大树跑了起来。看到有人追过来，松鼠也开始绕着树干跑，始终隔着大树与彼得保持着安全的距离。彼得围着大树跑完一圈后大声宣布：“又得一分！”

阿迪里奥抗议道：“哪有！你根本就没围着松鼠跑！”

“我当然有，你自己也看到了啊！”彼得回答。

“哪有！你刚才明明是围着树跑的，又没有围着松鼠跑，你一直都正对着松鼠的肚皮！”阿迪里奥很坚持。

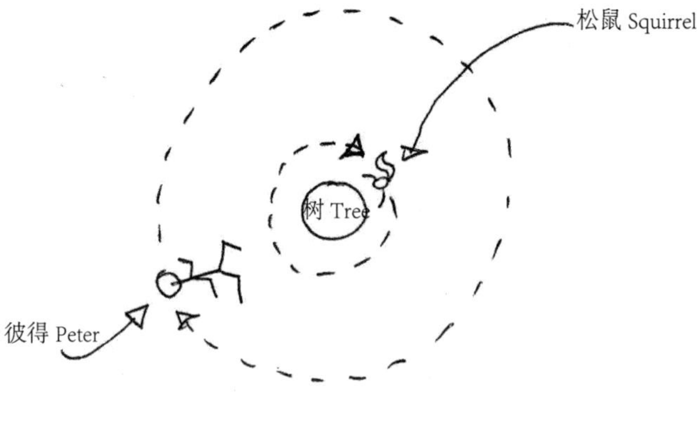

于是彼得困惑起来。

给老师的教学建议：如果你组织课堂讨论的话，可以在读完故事后或者在读故事的过程中用画图的方式进行解释。

画完图以后，请两位学生出来表演一下故事中的场景，可以用桌椅之类的家具充当大树，要求“松鼠”绕着大树跑的时候要一直面对着“彼得”。也可要求全班同学三人一组演示这一场景。演示后再根据以下学生分类选择最适合的提问方式：

1. 听觉型学习者（通过听力学习效果最佳者）

2. 视觉型学习者（通过视觉学习效果最佳者）

3. 动觉型学习者（通过动作学习效果最佳者）。本书有很多此类激发思考的活动，均可采用这种教学方式，也可根据本章节的模式另行设计其他演示方式。如需更多例子，请参阅

“谁偷了谁的铅笔？”

起始问题：彼得到底有没有围着松鼠跑？

进一步深入思考题：

❖ 你认为阿迪里奥对还是彼得对？

❖ 阿迪里奥是怎么想的？彼得是怎么想的？

❖ “绕一圈”是什么意思？

❖ 我们是否需要规定一个“参照系”？

❖ 我们说太阳系的行星全都围绕着太阳转，这是否意味着太阳就一定是静止不动的？

❖ 如果我们换一个角度看行星的运动是否会有不同？太阳有没有可能绕着地球、木星或者其他行星转动？

❖ 行星的运动是否会随不同的视角而发生变化？

❖ 如果你坐在一列飞驰的火车上，有没有可能你自己是静止不

动的而窗外的一切都在运动？

你来提问

❖

❖

❖

资料来源：美国心理学家威廉·詹姆斯（William James）《实用主义》（Pragmatism）

哲学关键词：参照系（frames of reference）

菲利与索菲跑两人三足

菲利普·科威尔（Philip Cowell）

适合年龄：5岁及以上

菲利与索菲是好朋友，他们做什么事情都会一起，人们都说他们俩谁也离不开谁。好吧，至少此时此刻他们的确是这样！因为菲利的右腿跟索菲的左腿绑在一起，他们正在跑两人三足比赛。

（邀请两个孩子出来，让他们并排站好，然后用绳子或丝巾绑住他们靠在一起的两条腿，演示什么叫“两人三足”。）

起始问题：菲利与索菲参加比赛的时候是在跑步吗？

进一步深入思考题：

❖ 什么叫跑步？

❖ 快走与奔跑之间有什么区别？它们之间有区别吗？

❖ 谁可以奔跑？

❖ 这个游戏为什么叫“两人三足”不叫“两人四足”？

❖ 奔跑需要什么？

❖ 有什么才可以奔跑？

❖ 这真的是“三足”赛跑吗？

❖ 能有“四足”、“五足”、“六足”、“百足”赛跑吗？

❖ 如果只有菲利与索菲参加比赛，那么最后到底是谁赢了呢？

你来提问

❖

❖

❖

哲学关键词：必要条件与充足条件、概念分析

菲利与索菲数数

菲利普·科威尔（Philip Cowell）

适合年龄：5 岁及以上

一天，索菲走进来，看见菲利正坐在地板上写数字，他在纸上写了：1、2、3、4、5、6。索菲看到旁边还放着很多页纸，知道菲利还打算继续写下去，于是对他说："我知道！下一个数字是7。"菲利笑了起来："哈！你说错了！"

起始问题：下一个数字是多少？

进一步深入思考题：

❖ 有可能知道下一个数字吗？

❖ 下一个数字存在吗？

❖ 什么叫数列的规律？

❖ 这个数列的规律是什么？

❖ 索菲说对了下一个数字吗？

❖ 这里的"规律"是什么意思？

你来提问

❖

❖

❖

哲学关键词：维特根斯坦、认识论、本体论、预测

随机的故事

彼得·沃利（Peter Worley）

适合年龄：9岁及以上

准备一个六面的骰子，滚动骰子来决定以下随机场景的阅读顺序。

随机一

首先，想象你有一架工厂里生产出来的喷气式飞机。然后，想象某个垃圾场里刮过一阵旋风，非常非常凑巧正好用垃圾拼成了一个东西，而且这个东西看上去和喷气式飞机一模一样，功能也一模一样，总之和你拥有的那架飞机绝对没有任何区别。

起始问题1：这两个都是喷气式飞机吗？

进一步深入思考题：

- ❖ 如果答案否定的话，它们之间有什么区别？
- ❖ 这种事情发生的概率是多少？
- ❖ 什么叫概率？
- ❖ 这种事情真的会发生吗？

随机二

想象一下你把字卡扔向空中，卡片落在地上以后恰好拼出以下句子：

你看到一串字排列整齐

请问这能不能叫做诗句

起始问题 2：这两句话是诗吗?

进一步深入思考题：

❖ 什么叫诗?

❖ 如果答案否定的话，为什么？如果这不叫诗，那么这两句话和诗之间有什么区别?

❖ 这种事情发生的概率是多少?

❖ 什么叫概率?

❖ 这种事情真的会发生吗?

随机三

想象一下地震的时候字卡被抛向空中，卡片落在地上以后恰好拼出以下句子：

你看到一串字排列整齐

请问这能不能叫做诗句

起始问题 3：这两句话是诗吗?

进一步深入思考题：

❖ 什么叫诗?

❖ 如果答案否定的话，为什么？如果这不叫诗，那么这两句话和诗之间有什么区别?

❖ 这种事情发生的概率是多少?

❖ 什么叫概率?

❖ 这种事情真的会发生吗?

随机四

想象一下字卡不知怎么被抛向空中，卡片落在地上以后是这样排列的：

你排到一列串看齐整字

能请能诗问叫这做不句

然后这些字卡不知怎么又被抛向空中，重新落回地面以后是这样排列的：

你看到一串字排列整齐

请问这能不能叫做诗句

起始问题 4：这两种排列方式中哪一种随机性更强？

进一步深入思考题：

❖ 如果有的话，是哪一种以及为什么？

❖ 如果没有的话，为什么？

❖ 什么叫“随机”？

❖ 第二种排列对我们（人类）来说是有意义的，这种意义来自哪里？意义在字词的排列中吗？如果不是的话，那究竟在哪里呢？

❖ 如果第一种排列在另外一种语言中（或许是外星语）有意义呢？那它会是一个句子吗？

随机五

假设有一只长生不老的猴子一直在键盘上随机打字，永不停息。当然，这只是一个假设。

起始问题 5：这只猴子有没有可能碰巧打出一部莎士比亚的戏

剧？还是不论它敲多久键盘也永远做不到？

进一步深入思考题：

❖ 猴子有可能敲出莎士比亚的所有剧作吗？这种想法太过疯狂吗？

❖ 如果有一套数量有限的符号，比如由26个符号组成的英语字母表，你用这套符号一直不停地随机书写且不限时间，最后会发生什么？

随机六

起始问题6：如果你连抛六次骰子得到的全都是数字6，这是否意味着这一定是个灌了铅、用来作弊的骰子？

进一步深入思考题：

❖ 这纯属运气吗？

❖ 什么叫运气？

❖ 运气这种东西存在吗？

❖ 什么叫概率？

你来提问

❖

❖

❖

哲学关键词：关于概率与随机的哲学、关于意义的哲学、目的论（teleology）、混沌理论（chaos theory）

永远说不的小姑娘

戴维·詹肯斯（David Jenkins）

适合年龄：7 岁及以上

不管你问奈莉什么问题，她的回答永远都是“不”。

就算你想要她承认自己的名字叫奈莉，那也不能直接问：“你叫奈莉吗？”因为她只会回答：“不是”。

起始问题：我们应该怎样提问“不”的意思才会变成“是的，我的名字叫奈莉”呢？

进一步深入思考题：

❖ “不”可以表达“是的”这个意思吗？

❖ 如果你能想办法让她所回答的“不”实际上表示“是的，我叫奈莉”，那么这算不算是她承认自己的名字叫奈莉了呢？（可同时阅读“双重否定”）

❖ “不会游泳”是什么意思？“不不会游泳”（non non-swimmer）是什么意思？如果说话的人有点结巴，那么这个人说“不不会游泳”是什么意思？这和不结巴的人说“不不会游泳”意思一样吗？（这个“不会游泳”的问题是七岁的马克和八岁的帕特里克提出来的。）

你来提问

❖

❖

❖

哲学关键词: 逻辑(logic)、句法(syntax)、语义(semantics)、语意和意图 (meaning and intention)

双重否定

彼得·沃利（Peter Worley）

适合年龄：7岁及以上

奈吉尔因为打了同学被班主任叫到办公室训话。他抗议道："我没有啥都没干！"老师听了欣慰地说："那就是说你承认打了马修，你勇于承担责任，这很好！如果你不承认的话会受罚更重。"于是奈吉尔满腹狐疑地离开了办公室，心想："可我根本就没有承认啊。"

起始问题：奈吉尔说"我没有啥都没干"的时候是承认自己打了马修吗？

（读这个故事的时候要记住：我们并不知道奈吉尔是否真的打了马修。）

进一步深入思考题：

❖ 班主任老师为什么要说奈吉尔自己承认错误了？

❖ 就算这个双重否定句的意思是说"我干了啥"，这是否就意味着他承认自己打了人呢？

❖ 承认是一种逻辑行为还是意图行为？二者有何区别？

❖ 在英语中，双重否定意味着肯定，如"她并非不在这里"的意思是说"她在这里"。但是在法语和意大利语中，双重否定则表示加强否定的意味，如意大利语的"Non sei felice mai"翻译过来的意思就是"她从来就没有幸福过"。那么，双重否定等于肯定还是加强否定意味呢？在数学中永远都是“负负得正”［2－（－1）＝2+1］，那么语言和数学或逻辑学一样吗？

你来提问

❖

❖

❖

资料来源：有很多孩子想说“我没有！我啥都没干！”的时候一着急就会说成“我没有啥都没干！”，这就变成了一个双重否定句。

哲学关键词：逻辑和语意（logic and meaning）、句法和语义（syntax and semantics）、意向性（intentionality）

短信教材之争

彼得·沃利（Peter Worley）

适合年龄：10岁及以上（适用于经常收发手机短信者）

书面语教授和口头语教授均任职于语言大学，前者是世界上首屈一指的书面语专家，后者是世界知名的口语权威。鉴于使用手机收发“短信息”成为当代社会人与人之间相互交流的重要工具，大学计划将其纳入学术研究领域并就这一学科编写教材，但是校方面临一个难题：这项任务究竟该交给书面语教授呢还是交给口头语教授？

起始问题：你写短信的时候是在书写还是在说话？

进一步深入思考题：

❖ 什么叫书写？

❖ 什么叫说话？

❖ 二者之间有什么区别？

❖ 短信属于书写还是说话？

❖ 电子邮件呢？电子邮件属于书写还是说话？

❖ 霍金教授的眼睛与感应器相连接，感应器会捕捉到他眨眼睛的动作并选定相应的字母。那么他借助电脑发声的时候是在书写还是在说话？

你来提问

❖

❖

❖

资料来源：感谢本·杰弗里的提问：“发短信算是写还是说？”

哲学关键词：模糊词语（vague term）

自状与非自状

彼得·沃利（Peter Worley）

适合年龄：12 岁及以上，高级

自状词语属于自合逻辑，
因为它指的就是它自己。
拿“短”这个中文字来说，
左右结构看上去就很矬。

但是有些词就很不一样，
因为它们自指性并不强。
虽然“方”字方方正正，
“圆”字却有角也有棱。

有些词就属于自相矛盾，
完全不能用来指代自身。
“圆”字不圆就是一例，
非自状形容词不能自指。

“中文的”就是自状词，
因为它就是用中文写的；
“英语的”为非自状词，
因为它并非用英语写成。
那现在有个问题要问你：

“非自状的”该归哪里？
是自状词还是非自状词？
你能弄明白就天下无敌！

如“非自状的”是自状词，
则“非自状”就是非自状；
如“非自状的”是非自状，
则“非自状”就是自状词。

它到底自状还是非自状？
这个问题值得你去默想。
没人可问只能指望自己，
这可真是个头疼的问题！

起始问题：这首诗说得通吗？你能说清它到底想要说什么吗？

进一步深入思考题：

❖ 这首诗里有一个悖论，你能看出它在哪里吗？你能解释一下吗？

❖ 什么叫悖论？

❖ 诗里是否对这个悖论进行了解释？

❖ 悖论说得通吗？

你来提问

❖

❖

❖

资料来源：格雷林悖论（Grelling paradox）

哲学关键词：自反性（reflexivity）

如果金子不叫金子……

戴维·伯奇（David Birch）

适合年龄：10 岁及以上

虽然伯纳德国王在历史上名不见经传，但他可是所有英国国王里最为贪婪的一位。作为一个嫉妒心爆棚的人，他满脑子想的都是从别人手里抢东西。他到处偷、到处抢，不论贫富，也不管是苏格兰、威尔士，还是爱尔兰，总之一个都不放过。把这些地方抢了个精光以后，他又将目光投向了法国。

于是伯纳德国王一声令下，英国军队渡过海峡，直奔法国而去，誓将这个国家翻个底朝天，把能看到的一切全都拿走。当然最让他们眼馋的是豪华的凡尔赛宫，他们打算把那里的宝物搜刮得干干净净。

军队来到凡尔赛宫外，按惯例没按门铃而是直接用大炮轰开宫门闯了进去。伯纳德国王在宫殿长廊间奔来冲去到处寻找金子，在一张漂亮奢华的大床下找到了法国国王，然后命令他带自己去找藏起来的宝物。

惊慌失措的法国国王用法语喊道："我不知道你在讲什么！"

伯纳德有点困惑："你说什么？我问你金——子——在——哪——里？"

法国国王继续用法语说："我不会说英语。"

就在此时，英国士兵进来向国王汇报说他们已经找到了金子。

伯纳德对他们说："抱歉先生们，我觉得这里可能没有金子。这家伙就是法国国王，我刚问过了，他好像不知道金子的事。"

“可是尊敬的陛下，我们全都亲眼看到了金子”，将军解释道。

“太好啦，带我去看！哦，对了，把他也带上。”伯纳德指了指瑟瑟发抖的法国国王。

于是将军把国王带到了一个金光闪闪的大房间里，只见地上堆满了金块，闪闪发光，显然全都是最纯正的金子。“就在这儿。”军官的低语里充满敬畏。

“很好。”伯纳德说着转身问法国国王：“这难道不是金子吗？”

法国国王只好说：“赛德勒”，用法语承认“这是金子”。

“哦？”伯纳德有些意外地眨了眨眼睛。“呃……这是金子吗？”他又问了一遍。

法国国王也重复了一遍：“赛德勒。”

于是伯纳德转身对将军说：“听到了吧将军，我觉得这个应该不是金子，这个东西叫赛德勒。”

军官清了清嗓子，小心翼翼地说，“尊敬的陛下，鄙人觉得这应该是一回事。”

伯纳德直截了当地问：“那为什么会有两个名字？”

“最睿智的君王啊，鄙人觉得那可能是它的法语名字。”军官解释道。

“他们叫它赛德勒，那肯定是因为它就是赛德勒。当然，这东西看起来很像金子，不过我认为它跟金子不是一个东西。在英国我们不会指着金子说那东西叫‘金子’，对不对？我们会说那东西是金子。好了走吧，咱们回英国去吧。我想我的猫了。”

“呃，所以说，呃，我们要把……赛德勒留在这里不管吗？最……最……”军官觉得有点头重脚轻，觉得词语全都从舌头上蒸发掉了，地心引力也在从他脚底下溜走。

国王瞟了一眼地上堆成山的金子：“没错！就把它留在这里吧。我要这些东西好干什么呢？”他朝满屋泛着金光的宝物张开双臂，问道：“我想要的是金子，又不是这奇怪的法国玩意儿。”将军闻听此言很想点头表示赞同，可是却昏倒在地。

就这样，英国人什么东西都没拿就回国了，这让法国国王又惊又喜。此后很长一段时间里，为了让后人去欧洲大陆寻找宝藏的时候不要再犯伯纳德的错误，英国一直流传着法国没有金子的说法。

起始问题：法国有金子吗？

进一步深入思考题：

❖ 如果“金子”和法语中的“赛德勒”指同一种东西，那这种东西到底是什么？

❖ 想象一个英国人和一个法国人，他们在同一个房间里看着同一块金子，讨论这到底是什么东西。英国人说“这是金子！”法国人说“赛德勒！”（意为“这是金子！”）他们谁说的对呢？他们是在说同一样东西还是两个不同的东西呢？

❖ 古希腊和古罗马斯多葛学派哲学家认为词语与物体本身直接相关，认为词语并不只是标签。那么，词语与物体是分离的吗？

❖ 你能不用“这是金子”这个句型也不用“金子”这个词来描述一下什么叫金子吗？

❖ 为什么不同的国家会有不同的语言？

❖ 全世界的人能不能都说同一种语言？

❖ 什么叫语言？

❖ 语言之间有可能存在完美的翻译吗？

❖ 试试看你能不能在一种语言里找到一个无法译成其他语言的词语。

❖ 如果我们换个名字就会变成不同的人吗？

你来提问

❖

❖

❖

哲学关键词：斯多葛学派（Stoics）关于词语和现实的理论、语义外在论（semantic externalism）和语义内在论（natural kinds）、理想主义（idealism）、语义整体论（semantic holism）、美国哲学家托马斯·库恩（Thomas Kuhn）及其语义的不可通约性（semantic incommensurability）

（孙楚翘 译）

我们为什么要说话？

戴维·伯奇（David Birch）

适合年龄：7岁及以上

大海豚和小海豚是父子俩，一天早上出去捉鱼吃早餐，小海豚突然看到一只奇怪的鸟，他以前从来都没有见到过。

“快看……”小海豚突然忘记了那个词怎么说，脑子里一片空白。而且海豚没有手指，所以他也不能指给爸爸看。

“看什么？”海豚爸爸问。

“那个东西，你知道的，就那个东西。”

海豚爸爸茫然。

“就是漂在上面的那个东西”

“天空吗？”海豚爸爸问。

“对！就是天空。天空里那是什么？”但那只鸟早就飞走了。“我讨厌这些词！”小海豚发脾气道。“我为什么不能随便给东西起名字？我讨厌‘天空’这个词，听起来那么恶心，根本就不对劲儿。我喜欢叫它‘黏糊’。鸟在粘糊里飞，黏糊今天很多云。这多好。”

起始问题1：某个东西可以想叫它什么就叫它什么吗？

进一步深入思考题：

❖ 小海豚可以把天空叫做“黏糊”吗？

❖ 你能想一个觉得不对劲儿的词吗？你觉得用哪个词才比较对

劲儿呢？为什么你觉得自己选的词对劲儿、原来那个词不对劲儿呢？

❖ 关于某个东西你能想出一个完美的词来描述它吗？这个词为什么是完美的？

❖ 同一个东西你可以根据自己的心情每天都换个词来描述它吗？

❖ 你可以发明出一种只属于你自己的语言吗？

“你不能自己造词，你这样说话没人能听懂。说话就是要让别人懂你的意思，知道你的感受”，海豚爸爸说。

“如果是这样的话，那我可以说鱿鱼小姐上课很无聊，说我不想上课想出去游泳吗？可以说我听你晚上睡觉打呼噜就很生气吗？可以跟妈妈说她戴假发假装自己是人的时候我觉得很丢脸吗？可以……”

“闭嘴！”海豚爸爸厉声喝住了他。

“但这些都是我的感受啊，你刚才不是说要让别人知道你的感受吗。”

“忘了我刚才说的话，你不能这么说话，我也不想再听你说那些话。好吧，说话不是用来告诉别人你的感受的。”

“那说话是用来干什么的？”

起始问题 2：说话是用来干什么的？

进一步深入思考题：

❖ 什么叫说话？

❖ 说话是否有目的？有什么目的？

❖ 什么叫语言？词语和语言是一回事吗？

❖ 如果婴儿不需要用词语就能表达，我们为什么需要？

❖ 我们需要词语吗？不用词语是否也可以？

❖ 没有词语的世界会变成什么样？

海豚爸爸想了一下，然后说："是为了学习。对，说话是为了弄明白事情、了解事情、问问题、得到答案。这才是词语的用途。"他觉得自己实在是太聪明了。

"那我能问几个问题吗？"

"当然可以，儿子。"海豚爸爸镇定自若地回答。

只见小海豚冲到水面，深深吸了一口气："为什么天空不能叫'黏糊'为什么海水向下流不向上流我不在的时候你跟妈妈都在做什么为什么人要把我们关起来让我们表演节目这是不是说人类不够聪明因为我们比表演节目有趣得多还有为什么你下棋输了会那么生气还有我们吃鱼的时候鱼会不会疼还有……"

"闭嘴！"海豚爸爸再次喝住了他。

"可是你刚才跟我说……"

"忘了我刚才说的话"，海豚爸爸叹了口气。"好吧，说话不是为了弄明白事情。给我点儿时间，我会告诉你说话是用来干什么的？"

"可是你一直都在要我闭嘴，"小海豚不满地说。

"没错，就是这个！"海豚爸爸说。"说话能让我们得到自己想要的东西。"

"快看那儿有一艘大船向我们开过来！"小海豚突然叫道。

"什么？"海豚爸爸转身去看。

"骗到你咯！"小海豚一边取笑爸爸一边吞下了什么东西。

"等等——我的鱼呢？"海豚爸爸问。

原来小海豚趁爸爸转身的时候从他的鳍里把鱼偷走了。

"在我肚子里"，小海豚得意地说。"看吧，我用说话骗你看别的地方，然后就得到了我想要的东西。我用谎话得到了我想要的，看吧。"

海豚爸爸惊呼："你竟然撒谎！"突然他觉得饿了："好吧，

我改主意了。语言不是为了得到你想要的东西，语言是用来诉说真相的。知道了吗？真相。”

“我想我懂了。就是说我可以游到鲨鱼身边说它们是海洋中长得最丑的，所有鱼都恨它们，希望它们能老得牙齿全部掉光。这就是关于鲨鱼的真相。”

“不行！永远都不准你对鲨鱼说这些！你必须永远对它们保持礼貌。”

“那不就是撒谎吗，是你说的，语言是用来诉说真相的。”

“好吧，我又错了，行了吧，是我错了！我真的不知道语言是用来干什么的了。”

“既然你不知道语言是干什么用的，那我为什么还要说话呢？”小海豚沉迷在自己的问题中。

于是小海豚宣布：“从今天开始，如果你说不出语言是干什么用的，那我就再也不说话了。”说完，他陷入了沉默。

“小海豚，别傻了。”

沉默。

于是海豚爸爸开始跟儿子讲道理：“你看，现在还早呢，今天晚上我再告诉你语言是干什么用的。”

沉默。

“小海豚，你在考验我的耐心。”

沉默。

“小海豚，我命令你说话！”

沉默。

“小海豚，我数到三你必须给我说话……一……”

沉默。

“……二……”

沉默。

“……三。”

沉默。

“哇呀呀呀呀呀呀呀呀呀！”海豚爸爸愤怒的吼叫让海水都沸腾起来了。

他好像也不会说话了。

起始问题 3：海豚爸爸为什么好像不会说话了？

进一步深入思考题：

❖ 沉默为什么会让海豚爸爸那么生气？

❖ “沉默”是什么意思？

❖ 词语有什么力量？

❖ 词语是用来干什么的？

❖ 你有时是否会觉得词语不能完全表达那些你想表达的意思？

❖ 如果词语不够用，我们还可以怎样表达自己？

❖ 你对海豚爸爸的回答怎么看？说话是为了：

  ❖ 让别人理解你并了解你的感受？

  ❖ 学习？

  ❖ 得到我们想要的？

  ❖ 说实话？

  ❖ 你还能想到别的用处吗？

你来提问

❖

❖

❖

哲学关键词：参见路易斯·卡罗尔（Lewis Carroll）所著《爱丽丝漫游奇境》姊妹篇《爱丽丝镜中奇遇记》（Through the

Looking-Glass）中爱丽丝与蛋头（Humpty Dumpty）的对话。蛋头表示人类总是喜欢改变语言的意思来达到自己的目的。

（罗茜予 译）

零的加减乘除

彼得·沃利（Peter Worley）

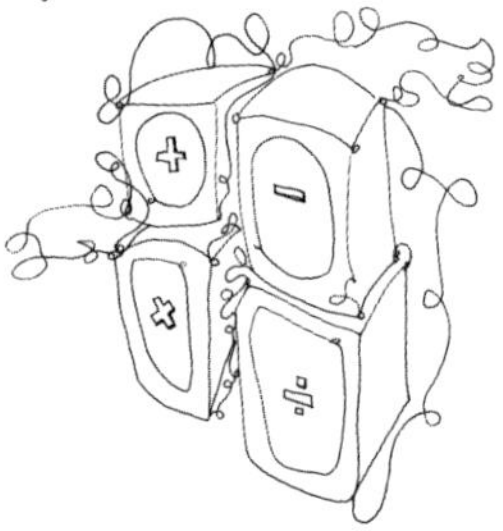

适合年龄：10 岁及以上

老师很生气，因为汤姆、蒂姆、塔姆和比利在课堂上捣乱。但实际上老师错怪了比利，因为是汤姆、蒂姆和塔姆设的圈套，让比利陷入了麻烦。可怜的比利。

那堂课讲的是四则运算法则，即：加、减、乘、除的运算方法。老师要惩罚他们，于是对他们说："我要给你们每人出一道题，谁答错了就取消谁下周的午休时间！"为了增加难度，老师出的每道题都与零有关。

老师给汤姆出的题是：

"6 加 0 等于多少？"

汤姆上课的时候根本就没有听讲，所以不知道，于是瞎蒙道："等于……0？"

"你说……错了！"老师面带微笑地说。"所以取消你下周的午休。"

老师给蒂姆出的题是："6 减 0 等于多少？"

蒂姆上课的时候也没有注意听讲，所以也回答不上来。但是他刚听到汤姆答错了，于是想：既然这道题跟上道题不一样，上一道题答零不对，那么这次答零肯定就对了。于是他回答："等于 0 对吗？"

"不对！"老师依然面带笑容，干脆地回应道。

接下来轮到塔姆了。"6 乘以 0 等于多少，塔姆？"老师问道。

塔姆同样也没有认真听课。她想：两道题回答“0”都错了，我可不能犯跟他们一样的错误！

于是她自信地回答：“等于6！”

老师的笑容依然灿烂，于是塔姆知道自己完蛋了。

只听老师大声地宣布：“你也错了！”

最后，老师转向比利。好吧！比利心想：下一题是什么？哦对，只剩除法了，那可是四则运算中最难的啊：“6除以0等于多少呢？”

比利想啊……想啊……想啊……想。

与此同时老师也在想啊……想啊……想啊……想。

……

终于，老师用很没有底气的语调问：“嗯……等于几呢？我的意思是说你的答案是多少？”

比利答道：“我不知道，但是您不能取消我的午休，因为您说过，只有答错了才会被取消午休，但我觉得没有人能回答这个问题！”

就这样，比利出去玩了，只留下老师在那抓耳挠腮地冥思苦想。我想他直到今天也没有找到答案。

起始问题：老师给比利出的这个问题有答案吗？

进一步深入思考题：

❖ 老师出的是简单的算术题吗？

❖ “6除以0等于多少”这个问题有答案吗？为什么？

❖ 有没有什么办法能够找到答案？

❖ 用计算器计算得出的结果是什么？

❖ 老师是怎么说的？

❖ 数学家是怎么说的?

❖ 这两个数字交换一下位置结果是多少?(0除以6等于多少?)

❖ 你认为蒂姆、汤姆和塔姆回答问题的理由怎么样?

❖ 他们的答案不对吗?

❖ 就算汤姆蒙对了，他的答案正确吗?

❖ “答对了”与“答案正确”是一回事吗?

资料来源：感谢安德鲁·戴伊(Andrew Day)提出“6 除以 0 等于多少”这个问题。

哲学关键词：未定义项、算术异常

(刘奇 译)

杰克的鹦鹉

彼得·沃利（Peter Worley）

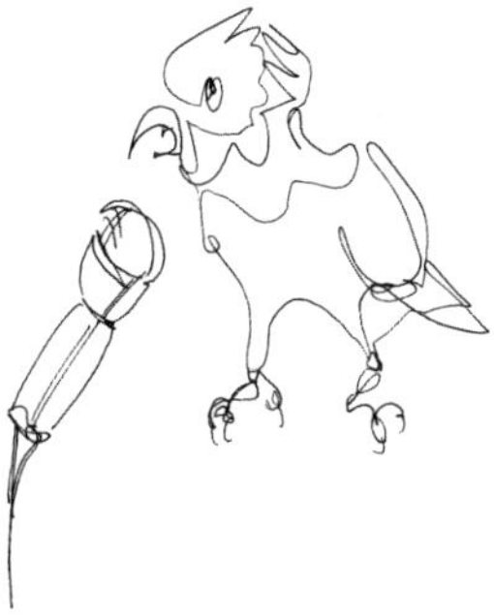

适合年龄：7岁及以上

鹦鹉有一种神奇的本领，他们会学人说话。杰克的鹦鹉波莉会说四个短句子，而且总是以相同的顺序重复这几句话。波莉住在厨房的一个笼子里，每次看见有人都会用沙哑的声音嚷着：“你好，杰克！”只要听到有人说话，不管别人在说什么，她总会按照同样的顺序说四句话：“你好，杰克！”、“我好，杰克！”、“烂八！”、“走开！”

所以杰克每次走进厨房通常都会发生这样一番有趣的对话：

（杰克走进厨房。）

波莉：你好，杰克。

杰克：波莉，烧壶水吧。

波莉：我好，杰克。

杰克：你为什么不能打扫自己的笼子呢？

波莉：烂八！

杰克：牛奶在哪儿？

波莉：走开！

起始问题1：波莉会说话吗？

进一步深入思考题：

❖ 什么叫说话？

❖ 这是对话吗？

但星期三的时候他们之间的对话是这样的：

（杰克走进厨房。）

波莉：你好，杰克。

杰克：你好，波莉，你好吗？

波莉：我好，杰克。

（杰克从一张纸上剪出了一个数字 8，把它撕烂然后放进笼子。）

杰克：你笼子里有什么？

波莉：烂八！

杰克：烂八给我好吗？

波莉：走开！

杰克：好吧。

于是杰克走开了。

起始问题 2：杰克和波莉星期三的时候是在交谈吗？

进一步深入思考题：

❖ 星期三，当波莉说“烂八”和“走开”的时候，她的话有意义吗？

❖ 这些对话是交谈吗？

❖ 当杰克问：“你笼子里有什么？”的时候，波莉回答“烂八”答对了吗？

❖ 什么叫交谈？

❖ 波莉会说话吗？

❖ 波莉能进行交谈吗？

❖ 一个人需要做到什么才算是在说话?

❖ 说单词和说话是一回事吗?

❖ 我给电脑设了一个程序，电脑开机的时候就会说：“你好，彼得。”我的电脑会说话吗?

❖ 决定某人所说某事为真的是什么?

❖ 你能碰巧说出对的话吗?

（董易 译）

清风不识字？

彼得·沃利（Peter Worley）

适合年龄：5 岁及以上

一天，杰克的妹妹萨拉去公园散步。那天风很大，呼呼地吹。一阵大风刮过，把一堆落叶和树枝刮过来，正好落在萨拉面前。萨拉低头望去，看到树枝和落叶似乎拼出了一个英语单词“ME”（我）。于是小女孩兴奋地大叫起来：“妈妈你看！风会写字！”

起始问题：萨拉说的对吗？她那天的经历真的说明风会写字吗？

进一步深入思考题：

❖ 什么叫书写？

❖ 会写字需要什么？

❖ 你写字的时候首先必须能做什么？

你来提问

❖

❖

❖

哲学关键词：计算机之父阿兰·图灵（Alan Turing）与判断计算机是否具有人类思维能力的“图灵测试（Turing test）、关于人工智能（artificial intelligence，简称 AI）的哲学、意向性（intentionality）

结　语

谁是哲学家？

诺伦·葛兹（Nolen Gertz）

适合年龄：7 岁及以上

内森和玛蒂尔达是好朋友。一天他们沿着街道散步的时候，内森每走几步路就会问玛蒂尔达一个问题。他的第一个问题是：“为什么树只能叫橡树、榆树之类的？为什么不能像人那样每棵树都有一个名字？”

继续往下读之前请先思考一下这个问题，如果是你的话会如何回答？

起始问题 1：树为什么只能叫橡树、榆树之类的？为什么不能像人那样每棵树都有一个名字？

进一步深入思考题：

❖ 我们的名字跟“橡树”或“榆树”这类词有区别吗？

❖ 什么叫名字？

❖ 我们为什么要起名？为什么不能叫“1 号人”、“37,376 号人”？

玛蒂尔达回答道：“因为树不是个体，所以不需要专门起名。”内森对这个回答很不满意，但是他的注意力很快就转到别的地方去了：“你觉得有一天会不会发明出一种机器让我们能跟狗狗聊天？”

继续往下读之前请先思考一下这个问题，如果是你的话会如何回答？

起始问题 2：你认为我们能否发明出可以与狗交谈的机器？

进一步深入思考题：

❖ 人类有可能发明出这种机器吗？

❖ 狗的思维能够翻译成人类的思维吗？

❖ 狗有语言吗？

❖ 什么叫语言？

玛蒂尔达回答道：“肯定不行，因为狗的思维与人的思维不一样。狗和人不是语言不通的问题，而是根本就属于不同的物种。”虽然玛蒂尔达回答得十分自信，但是内森对这个回答也不满意。不过没等他继续发问，玛蒂尔达先发制人，抢着问了他一个问题：“内森，世界上的一切是什么样就是什么样，你为什么不能欣赏它们本来的样子，一定要执着于它们的不同呢？”内森没有回答，沉默不语地继续往前走。

起始问题 3：内森和玛蒂尔达谁是哲学家？

进一步深入思考题：

❖ 你为什么会选择内森或玛蒂尔达？

❖ 这两个人中你更像哪一个？

❖ 你会如何回答他们两人提出的问题？

❖ 玛蒂尔达说要“欣赏事物本来的样子”，你认为她说得对吗？

❖ 我们有时为什么会思考事物的不同之处？

❖ 经常思考“如果怎样会怎样”这样的问题好吗？

❖ 什么叫哲学家？

❖ 什么叫哲学?

❖ 哲学问题与数学问题、科学问题、宗教问题有区别吗?

❖ 什么叫哲学问题?

你来提问

❖

❖

❖

哲学关键词：哲学本身的性质、思维实验、知识与智慧

让我们来写哲学诗

戴维·伯奇（David Birch）

适合年龄：7 岁及以上

对有些人来说，哲学就像快乐一样，是一种生活状态。它不仅仅是一种练习或者实践，也不仅仅是我们所做的事情，而是我们进入的一种状态。这种状态通常很不容易表达出来，而且最深入的讨论一般都发生在我们自己的脑海里。清醒与理智有时可能并非哲学的最佳伙伴；思想一经表达就有可能会与初衷大相径庭。对有些人来说，集体讨论永远都不是进行哲学思考的最佳环境；对大部分人来说，我们有时最需要的不是与他人讨论，而是自己独处沉思。当然，交谈只是通往哲学的一条道路，另外一条道路是诗歌。诗歌是非常适合用来表达思想的语言，因为你不需要赋予这些思想任何意义。对于那些具有哲学气质的人来说，诗歌所蕴含的表达空间、自由度以及孤寂感恰好与哲学完美契合。

可以要求孩子们按照以下主题创作诗歌，但是无需要求押韵。找韵脚是件十分困难的事情，同时也会分散他们的注意力，无法集中思绪。按照以下所列主题和句型写诗能够简化创作过程，让孩子们更加轻松地表达自己想到的各种问题。当然，如果他们选择其他创作方式也是完全可以的。

1. 我想知道为什么……

这是哲学诗的基本主题之一，可以反复使用。孩子们可以就自己感兴趣的任何事情进行提问和创作，每一行诗都可以用这七个字开头。开始的时候可以要求孩子们每人写一行诗，然后汇总起来一起读给他们听，算是全班共同创作的一首哲学诗。

2. 如果我可以为所欲为……

这是一首关于无限自由的诗歌，可作为“奔向新世界”的延伸活动。将这句话作为诗歌第一句，然后要求孩子们第二句用“那我就会……”这个句型。

3. 比较

哲学里充满意象，其中最著名的一个就是柏拉图将世界比作洞穴。威廉·佩利（William Paley）把世界比喻为一个巨大的钟表，“发条世界与狂风世界”里就借用了这个钟表的比喻，同时还把世界比作一个巨大的雪花玻璃球。将这些有趣的比喻和比较详细讲解给孩子们听，问他们认为世界像什么并要求他们写出自己的比喻。每一行诗都用“世界就像……”这个句型开头，可作为“发条世界与狂风世界”的延伸活动。

“一个能工巧匠的秘密”延伸活动：工匠把人比喻为发条玩具，要求孩子们说出自己像什么，每一行诗句均以“我像……”开头。

“猫头鹰先生到底怕什么？”延伸活动：关于黑暗的诗，要求孩子们每一行都以“黑暗就像……”开头，也可以让学生从猫头鹰的角度写一首诗。

关于思考：要求孩子们写一首关于思考的诗歌，每一行的开头都是“思考就像……”

哲学家们所做的比喻和比较都很奇怪，也很独特。鼓励孩子们自由发挥，越奇怪越好，越独特越好。为了帮助他们开始，可以先从比较教室里的物品开始，一旦有了感觉就可以进行哲学比较了。

4. 有时我看上去……但实际上我……

这是关于我们自己的诗，可作为“你认为你是谁？”这一章节的延伸，请孩子们不断地重复这两句诗。

5. 不知道为什么我……

这首诗主要探讨我们自己身上不自知的一面，是“启示”这一章节内容的延伸。要求孩子们思考自己身上有什么是自己所不了解或者不明白的地方。

6. 当我自己一个人的时候……

这是“不高兴先生挠痒痒”的延伸活动，探讨关于分离的问题。问孩子们独处的时候会怎样：会做些什么？不会做什么？会想什么？感觉如何？和别人在一起和自己一人独处有什么不同？

7. 我们全都一样因为……/ 我们彼此不同因为……

这首诗是“老魔法师的悲哀”所讨论内容的延伸，主要探讨个性与共性的奇特共存。

资料来源：肯尼斯·科赫（Kenneth Koch）所著《愿望、谎言与梦想：教孩子们写诗》（Wishes, Lies and Dreams: Teaching Children To Write Poetry）

如何写哲学研究论文

约翰·泰勒（John L. Taylor）

适合年龄：16 岁及以上

如果你很喜欢研究哲学问题，为什么不把自己的观点写成论文呢？如果你想要成为一名哲学家，那么撰写论文能够很好地练习一些必要的技能。此外，写论文对成为独立的学习者也很有帮助。你可以自己选题，也可以根据资格评定项目的要求进行写作。以下是关于论文写作的一些简单指引。

准备工作：确定论文主题

要写出一份好的哲学论文，最关键的一点是选择合适的哲学问题。首先考虑你最感兴趣的哲学观点：这是一个很好的开始。撰写论文有可能会耗时几周甚至几个月的时间，如果你对选题不感兴趣的话，那么想要持续保持探究热情就会是件十分困难的事情。想一下你曾经就哲学问题进行过哪些愉快的讨论，或者有哪些话题一想起来就会让你感到激动和兴奋（本书内容也能对你有所帮助：首先确定哪些章节对你最具吸引力，然后就有关话题与同学、朋友、家人进行讨论）。从以上几种途径中选择一个作为你研究工作的起点。

一旦确定了选题范围，接下来你还需要选择研究主题。哲学探讨的全都是生活中的“大问题”，都是所有问题中最根本的问题：上帝存在吗？生命的意义何在？对与错之间有什么区别？现在的我与刚出生时的我一样吗？什么叫时间？头脑与大脑是一回事吗？这些深层次的问题都很有挑战性，所以最好不要期望首次尝试就能一劳永逸地解决它们。相比之下，你可以考虑那些更加具体、更加简单的问题，这些问题和上述“大问题”有关联，而且在有限的时间内研究起来会更有把握。哲学界的“大问题”就像是高耸入云的山峰，你要做的就是找到一条通往山顶的道路，然后一步一个脚印地攀登这座高峰。虽然最后并不一定能够成功登顶，阶段性的成功也会让你很有成就感。

举例来说，如果最让你感兴趣的是对错问题，那么不要一上来就选择“对与错之间有什么区别”这样的大问题作为你文章的标题，可以试着先从“说谎有可能是对的吗？”这种小问题开始。相比之下，后者更为具体，因此也更容易开启哲学探究之路，之后你随时都可以专门研究那些更大、更难的问题。

选择论文主题的时候，还可以关注并研究一下大家都在关注哪些问题。如果你看到一篇新闻报道、杂志文章，甚至发布在网上的帖子，其内容是关于哲学问题的讨论，这或许就能作为你进行哲学探究的起点。选择大家都在讨论的问题作为你的研究主题，这样做的好处是能够了解人们对该问题的观点，从而对你自己的研究有所启发。

下一步：研究论文主题

一旦确定了论文的主题，下一步就是要开始对该主题进行研究。首先你需要了解这个问题的历史研究成果：哪些人曾经回答过这个问题？他们的观点分别是什么？他们所持观点有哪些不同之处。哲学的本质就是争论，不同的人对同一个问题有不同的看法和观点，哲学研究的对象就是各种观点。想要形成自己的观点通常十分困难，了解别人已经有的观点相对要容易得多，你只需要思考自己认同哪一种观点即可。

研究的过程中你首先应该思考从哪里获取各种不同的观点。大部分人喜欢上网找资料，互联网上可以很方便地搜到大量有用信息和材料。但除此之外也可以考虑其他信息来源，与人交谈、进行采访、组织问卷调查等都能帮助你了解人们对你所选课题持有哪些观点。当然，你还可以去图书馆里找资料，看有哪些书籍讨论过你所选定的课题。总之要开始收集、整理各种类型的研究资料和信息。

你在查找资料的同时要开始记笔记。记住：除了简短的直接引语之外，记笔记时尽量使用自己的语言，不要照抄别人的句子。如果是正式的论文写作，还需要有正规的参考及文献书目，此类相关指引可以轻松从网上获取（使用搜索引擎搜索关键词“如何引文”或“参考文献的编写与格式要求”即可）。

你可以将研究工作看作是在拼拼图。首先将所有散片摆到桌子上（即论文写作的“收集资料”阶段），然后认真研究所有拼图散片，最后将每一片放在合适的位置上。你可以用讲故事的方式进行叙述，向读者解释哪些人有哪些观点及其观点背后的原因，你在他们的论文中有哪些发现。假设你的读者对你所选择并讨论的主题一无所知或知之甚少，因此论文这一部分的主要目的是要帮助他们了解相关信息。

论文的核心内容：你的观点

哲学的独特之处就在于其具有个人性，没有人能够告诉你哲学问题的答案到底是什么，你必须自己去想、自己去弄清楚。完成历史及背景研究报告以后，下一步就是进入哲学讨论这一论文的核心内容，即你对所提出的问题表达自己的见解和回答。这部分内容的写作并非易事。对哲学问题进行思考本身已属不易，更何况你阅读越多别人的观点就会感到越困惑。为了更好地整理自己的思绪，你可以找人坐下来进行一次交谈，将自己的观点解释给对方听，内容主要包括：

- ❖ 你的观点：你对所选问题的回答是什么？
- ❖ 你所持观点的理由：你为什么会持这种观点？
- ❖ 人们有哪些观点与你的观点不同？
- ❖ 你对上述不同观点有何解释？

整理你想要表达的观点和原因，使其更加条理化，然后开始写论文的讨论部分。记住：之前做准备工作时查阅的他人观点也应纳入这一部分：别人都有哪些观点？哪些人支持你的观点？哪些观点是你不同意的？如何反驳那些对立的观点？但你也不应只关注别人已有的观点，更重要的是要捍卫自己所提出的观点。因此，你应该用第一人称撰写论文，告诉读者你的观点是什么以及对立观点如何站不住脚。

结论与导言

观点研究和哲学讨论完成以后，下一步该做什么呢？下一步是为你的论文添加结论和导言。结论是对整篇论文观点的总结，导言则是要引导读者进入所设主题。你可以在导言中解释为什么自己所提出的问题十分重要并对其含义进行简单的解释。所以，导言虽然是论文的开始却并不是你首先要写的内容，因为你必须首先对全文有一个总体的把握，然后才能开始写引子，这就是为什么要把导言放到最后再写。

良好的写作技巧能够让读者更容易接受你的观点

写作的时候心里要时刻想着读者，应尽量让读者获得愉快、舒适的阅读体验。如果你能避免晦涩的表达以及突兀的转折，使文字更加流畅、达意，那么你的读者也一定会获得一次轻松、顺畅的阅读旅程，从而对你的观点有更高的接受度。因此尽量做到文笔流畅，每一部分的开头都要使用“路标式句子”，向读者解释你即将展开什么论点。同时也要注意起承转合，两个段落之间要用连接句进行衔接。

最后的润色与完善

❖ 为所有引用文字添加资料来源，标明出处；

❖ 在论文最后添加符合规定格式的参考书目；

❖ 添加页码、目录、标题页；

❖ 插入适当的小标题；

❖ 文本使用 1.5 倍行距可以让阅读更加轻松；

❖ 对全文进行拼写和语法检查；

❖ 对论文进行编辑：删除所有与主题无关的文字；虽然删掉已经写好的文字非常困难，但请时刻将读者放在第一位！而精炼的文字是所有好文章的根本。